例解・論理学入門

弓削隆一・佐々木昭則 著

ミネルヴァ書房

はしがき

　本書の出版の打診があったのは，2007年夏であった。最初の打ち合わせのとき，磯脇氏から，従来の論理学の教科書の形式を打ち破るものを作りたいという要請があった。

　従来の教科書は，形式論理一辺倒であり，到底実用性を意識して書かれているとは言いがたい。数学を専攻するならまだしも，他の専攻の人間にとっては，形式論理は無味乾燥なテクニックである。それこそ，できるだけ避けて通りたい教養科目である。歴史や文学などは，教養科目であるが，それなりに中身があるし，面白みもある。

　しかし，形式論理は，その名が示すように，形式だけで中身がない。むしろ，その形式性が演繹的推論の本質的な特徴なのだ。抽象的なテクニックだけを教えられて，ウンザリした学生がほとんどなのではないだろうか。結局，何のために論理学を勉強したのか分からなかったのだ。

　そこで，もう少し実用性のある教科書にしようというのが磯脇氏の狙いであった。広い意味での「論理」も，われわれが日常生活を営む上で重要なのではないか。形式論理の解説だけでなく，非形式推論（informal reasoning）の章もつけ加えよう，ということになった。われわれの世界がいかに論理に支配されているか。それを実感してもらいたいという願いが本教科書には込められている。広い視点で論理を眺めれば，むしろ形式論理の意義もおのずと理解されてくるはずだ。

　第1章から第3章を弓削が，第4章と第5章を佐々木が担当した。いずれの章も，学生が独習で論理学をマスターできるように，丁寧な説明を心掛けた。ただし，ここで解説したことが，単なるテクニックや攻略法といった表面的なものでないことを強調しておきたい。そのため，マニュアル本のような書き方はあえて避けた。

　第1章から第3章は，現代の形式論理学の入門であり，第1章で論理学とは何なのかを概説し，第2章で命題論理，第3章で述語論理の解説を行った。もともとは大学の教養課程などの論理学入門の講義で配布していたプリントに加

筆・修正を行ったもので，独習も可能なものにするよう努めたつもりであるが，説明が不足している部分なども残ってしまったかもしれない。第1章をまとめるに当たって，慶應義塾大学の成田和信教授と日吉哲学倫理学研究会のみなさんからたくさんの有益な批評・助言をいただいたことに感謝の意をあらわしたい。

　第4章と第5章では，日常の場面での論理を中心に扱った。第4章では，それまでの章で学んだ形式論理学のテクニックを日常の場面に応用する方法を解説した。第5章では，論理を議論という広い枠組みの中でとらえようとした。論理的な議論とは説得力のある議論であるが，説得力を持たせるにはどうすればよいか。議論や対話がかみ合うためには何が必要か。論理性はここでも要求される。論述や面接の場面での応用を実例とともに示した。

　ここでの考え方が実際の問題にも適用できることを示すために，法科大学院適性試験の過去問やそれに模して佐々木が作成したオリジナル問題を適宜導入した。論理とは何か，深いところで理解していれば，これらの問題が解けることを実感していただきたい。小手先のテクニックを使うのはそれからである。

　従来，ほとんどの論理学の教科書は，大学で単位をとったあとは，永眠する運命にあった。大学の授業やゼミなどで議論をすることが必要になったとき，または，就職活動の時期になったら，本教科書を開いていただきたい。何かしらお役に立てるものと自負している。

　ミネルヴァ書房編集部の磯脇氏には，草稿を丁寧に読んでいただき，数多くの貴重な助言をいただいた。特に，就職面接対策を本教科書に入れたのは，磯脇氏のアイデアによるものである。ここで感謝の意をあらわしたい。

　最後に，われわれの論理学の共通の師として，長い間われわれを指導してくださった故・大江晃慶應義塾大学名誉教授に感謝の意をあらわしたい。大江先生のご指導がなかったら，この本は存在しなかったであろう。

2009年1月

弓削　隆一・佐々木　昭則

『例解・論理学入門』　目　次

はしがき

第1章　論理学とは何か … 1
- 1.1　推論の形式に関する学問としての論理学 … 1
- 1.2　演繹と帰納 … 3
- 1.3　知識の表現としての理論（演繹体系） … 5
- 1.4　伝統的論理学と20世紀の論理学 … 7
- 1.5　論理的思考と論理学 … 8

第2章　命題論理——文をつなぐ接続詞の論理 … 11
- 2.1　命題論理の言語 … 11
  - 2.1.1　命題論理の記号 … 11
  - 2.1.2　命題論理の論理式の定義 … 12
  - 2.1.3　カッコの省略 … 12
  - 2.1.4　推論を指すメタ言語の記号 … 13
  - 2.1.5　論理式の真理条件の定義 … 13
- 2.2　論理式と日常言語 … 14
  - 2.2.1　論理式と日常言語の文の関係 … 14
  - 2.2.2　論理式と日常言語の対応の問題点 … 15
- 2.3　真理表 … 17
  - 2.3.1　真理表とは何か？ … 17
  - 2.3.2　真理表の書き方 … 17
  - 2.3.3　トートロジー・矛盾式 … 19
  - 2.3.4　真理表の哲学的理解 … 20
  - 2.3.5　トートロジーと推論の妥当性との関係 … 21
  - 2.3.6　真理表による推論の妥当性の判定の例 … 22
  - 2.3.7　論理的同値 … 23

2.3.8　論理的同値の応用——論理記号の制限 ································ *24*
　　2.3.9　不整合な論理式の集合 ··· *25*
　　2.3.10　与えられた真理条件を持つ論理式を作る ··························· *26*
2.4　命題論理の証明 ·· *28*
　　2.4.1　意味論的方法と構文論的方法 ··· *28*
　　2.4.2　NK 演繹図の構成の仕方 ··· *29*
　　2.4.3　NK の推論図 ··· *30*
　　2.4.4　「仮定が閉じる」ということ ··· *31*
　　2.4.5　演繹図の作り方 ··· *34*
　　2.4.6　注意の必要な推論図 ·· *36*
　　2.4.7　背理法を否定する論理——直観主義の立場 ························· *37*
　　2.4.8　演繹図と証明図 ··· *38*
　　2.4.9　NK の完全性 ··· *39*
2.5　練習問題 ·· *39*

第3章　述語論理——「すべて」と「ある」の論理 ···························· *41*
3.1　述語論理の言語（記号・論理式の定義）······································· *41*
　　3.1.1　命題論理の欠点——表現能力の不足 ··································· *41*
　　3.1.2　述語論理の言語の基礎にある考え方 ··································· *42*
　　3.1.3　述語論理の論理式の形式的定義 ··· *45*
3.2　述語論理の意味論 ·· *47*
　　3.2.1　述語論理の言語の形式的解釈 ··· *47*
　　3.2.2　閉論理式の真理条件（量化子の代入的解釈）······················· *51*
　　3.2.3　「充足」の概念に基づく意味論 ··· *57*
　　3.2.4　推論の妥当性・モデル・反証モデル ··································· *60*
　　3.2.5　反証モデルを用いて推論が妥当でないことを示す例 ·········· *62*
3.3　述語論理の NK ·· *63*
　　3.3.1　述語論理の NK の推論図 ·· *64*
　　3.3.2　制限条件の意味 ··· *68*
　　3.3.3　無限の連言・選言としての述語論理の推論図の理解 ·········· *69*

3.3.4　述語論理の NK の演繹図の例 …………………………… 70
　　　3.3.5　NK の完全性 …………………………………………… 70
　3.4　述語論理の拡張――個体関数記号の使用 …………………… 71
　　　3.4.1　個体関数記号を用いる述語論理の論理式の定義 ……… 71
　　　3.4.2　関数記号を含む論理式の解釈 ………………………… 72
　　　3.4.3　NK の拡張 ……………………………………………… 72
　3.5　数学の理論の表現の例――自然数論の公理系 ………………… 72
　3.6　数学の論理の解明によって分かったこと …………………… 73
　3.7　練習問題 …………………………………………………………… 75

第4章　形式論理と日常の思考 ………………………………………… 77
　4.1　日常の場面での演繹的推論 ……………………………………… 77
　　　4.1.1　日常語の条件法の意味 …………………………………… 77
　　　4.1.2　十分条件と必要条件の取り違え ………………………… 79
　　　4.1.3　日常語の推論の正当性の判定 …………………………… 81
　4.2　推論を使った問題解決法 ………………………………………… 86
　　　4.2.1　選言と場合分け …………………………………………… 86
　　　4.2.2　否定を使った問題解決法 ………………………………… 88
　4.3　論理的矛盾――帰謬法 …………………………………………… 89
　　　4.3.1　論理的矛盾 ………………………………………………… 89
　　　4.3.2　帰謬法 ……………………………………………………… 91
　4.4　総合問題 ………………………………………………………… 92
　4.5　演繹的推論の再構築 …………………………………………… 95
　　　4.5.1　暗黙の前提 ………………………………………………… 95
　　　4.5.2　推論の再構築のその他のテクニック …………………… 98
　4.6　演繹，帰納 ……………………………………………………… 100

第5章　どうやって話に筋道をつけるか ……………………………… 103
　5.1　議論の組み立て方 ……………………………………………… 104
　　　5.1.1　議論の基本構成――議論は主張と根拠からなる ……… 104

5.1.2　議論に客観性を持たせるには——議論・根拠の強化 ……………… *107*
　　5.1.3　演繹的な議論，cogent な議論 ……………………………………… *109*
　　5.1.4　主張の種類 …………………………………………………………… *110*
　　5.1.5　論点とは ……………………………………………………………… *115*
　　5.1.6　具体例と一般化——具体的エピソードとは …………………… *120*
　5.2　議論・主張の評価・批判 …………………………………………………… *123*
　　5.2.1　主張の批判 …………………………………………………………… *124*
　　5.2.2　議論の批判 …………………………………………………………… *129*
　　5.2.3　詭弁に対処するには——誤謬推論 ……………………………… *134*
　5.3　対話における論理——再反論の構成 …………………………………… *139*
　　5.3.1　事実型の議論 ………………………………………………………… *140*
　　5.3.2　提案型の議論 ………………………………………………………… *142*
　5.4　実践編——論文・面接対策 ……………………………………………… *146*
　　5.4.1　論文対策——論理的な文章を作成するには …………………… *146*
　　5.4.2　面接対策——面接での論理的な受け答えとは ………………… *154*

付　録　練習問題の解答 ……………………………………………………………… *161*
　1　第 2 章の解答 ………………………………………………………………… *161*
　2　第 3 章の解答 ………………………………………………………………… *167*
　3　第 4 章の解答 ………………………………………………………………… *172*
　4　第 5 章の解答 ………………………………………………………………… *177*

引用・参考文献

第1章　論理学とは何か

1.1　推論の形式に関する学問としての論理学

　論理学は推論の正しさの基準についての学問といわれる。推論というのは，前提から結論を導き出す思考の過程であり，「A である。故に B である」という形が，前提 A から結論 B を導く推論の典型的な表現である。
　しかし，ここで注意しておかなければならないこととして，これまでの論理学で取り扱われてきた推論は主として，未知の結論を発見していくような推論ではなく，結論を根拠づけるための推論だったということがある。前提からその結論が本当に導き出せるか否か，言い換えれば，前提が結論の正しさの根拠に本当になっているか否かが，これまでの論理学が主に扱ってきた問題である。
　そのことを強調するなら，論理学は根拠づけの有効性に関する学問であるといった方がいいかもしれない。「B である」と主張している人がいたとして，「なぜそういえるのか？」と問われて「なぜならば A だからだ」と答えたとしよう。彼は A という根拠に基づいて B という結論を主張している。この人の主張に対する批判として 2 つのものが考えられる。1 つは，「仮に A だとしたら，たしかに B かもしれない。しかし現実には A ではない」といって反論することであり，これは相手の主張の前提への批判である。もう 1 つは「A であるというのはたしかにその通りかもしれない。しかしそれは B という結論の根拠にはならない」というものであり，これは根拠づけの有効性への批判である。論理学が取り扱う問題に関連するのは，この後者の批判の仕方である。
　もう 1 点，ここで指摘しておきたいこととして，日常的な場面で，あるいは数学以外の学問の中で根拠づけの有効性が問われる場合には，推論の正しさ自体を問うているというよりは，そこで使われている暗黙の前提の真偽が問われている場合が多いということがある。例えば，ある人が「X さんはドイツ人で

ある」と主張しその根拠を問われて「Xさんはドイツ語を話していた」と答えたとしてみよう。この場合に「ドイツ語を話していた」((ア)とする)という前提が「ドイツ人である」((イ)とする)という結論の根拠になるか否かを疑うということは,「誰であれその人がドイツ語を話していたなら,その人はドイツ人である」((ウ)とする)という,はっきりとは表明されていないが,暗黙のうちに仮定されている前提の真偽を問うことであろう。

 しかし,論理学で問題とされる推論の有効性の吟味は,もちろんこうした暗黙の前提の真偽を問うことではない。すべての前提を明確に表出した上で,それらの前提から本当にその結論が導き出せるか否かを論理学は問題にするのである。正しい推論のことを論理学では**妥当な推論**と呼ぶが,それはどう特徴づけられるのかというと,妥当な推論とは**「前提がすべて真なら必ず結論も真になるような推論」**のことである。これは「もし結論が偽なら,前提のうち少なくとも1つは偽だといえるような推論」といいかえることもできる。前述の例で考えると,(ア)から(イ)への推論は妥当な推論ではない。(ア)が真であるにもかかわらず,(イ)が偽になることは,論理的に可能だからである。それに対し,(ア)と(ウ)から(イ)への推論の方については,もし結論(イ)が偽であるとすれば,(ア)か(ウ)の少なくともどちらかは偽だといえる。したがって(ア)と(ウ)という2つの前提から結論(イ)を導き出す推論は論理学的にも妥当な推論である。

 妥当な推論が「もし前提が真なら必ず結論も真」という条件関係で定義されるということは重要である。当然のことながら,この条件関係が成り立つか否かは推論の結論が現実に真であるか否かとは別問題である。前提が偽であれば,そこから妥当な推論によって偽な結論が引き出されることはあり得るし,逆に妥当でない推論からたまたま真な結論が引き出されることもあり得るからである。

 論理学は,推論の具体的内容には触れずに推論の妥当性の基準を問題にする。どうしてそんなことが可能なのか不思議に思われる方もいるかもしれないが,推論の妥当性には,そこで取り扱われている内容には依存せず前提・結論の形式だけから判定できるという性質があるからである。例えば,先の前提(ア)と(ウ)から(イ)を導く推論は,「xはAである」と「xが何であれ,もしxがA

ならxはB」という前提から「xはBである」という結論を導く形式を持っており，この形式を持った推論はA，Bに入る表現が何であれ妥当な推論になる。これはつまり，この推論は，A，Bの表現の具体的内容にかかわらず，形式のみによって妥当だということである。このような妥当な推論の形式（確実な根拠づけの形式）は無限に存在する。それらを特徴づけ，明らかにすることが論理学の最も基本的な課題である。

1.2　演繹と帰納

　先に述べた「前提がすべて真なら必ず結論も真」という推論の妥当性の定義は，推論（根拠づけ）の正しさの一般的な定義としては狭すぎるのではないかと感じた方がいるかもしれない——数学の証明の中の推論のように絶対的な確実性が求められる場合には，たしかに推論はこの意味で妥当でなければならないだろう。しかし，こうした推論とは別に，不確実ではあるが，それでも結論を何らかの程度根拠づけるような種類の推論も存在し，それも広い意味での正しい推論に含まれるのではないか？

　この直観は，間違っていない。世界で最初に論理学を体系化した古代ギリシャの哲学者アリストテレス以来，絶対的な確実性は持たないが，それでもある程度は結論の正しさを根拠づけるような推論（根拠づけの形式）も認められてきた。それが**帰納**（induction）と呼ばれるものである（それに対し，先に述べた妥当な推論は**演繹**（deduction）と呼ばれる）。

　後述のように帰納は演繹に比べて曖昧なところがある概念であり，どこまでが帰納に含まれるのかは明確ではない。しかし，典型的な帰納的推論は何かといえば，それは個別の事例を前提にしてそこから一般的な法則を結論として導き出す推論（例えば，「カラスaは黒い」，「カラスbは黒い」，……「カラスzは黒い」という個々のカラスについての観察事実を前提にして，そこから結論として「すべてのカラスは黒い」という法則を導き出す推論）である。

　帰納的推論の重要な特徴は，通常適切と考えられているものでもそれが妥当な推論にはならないということである。帰納的推論の前提にある「カラスa」から「カラスz」は，結論でいわれている「すべてのカラス」の全体ではない

からである。多数のカラスを観察しそれらがすべて黒かったということは，観察されていないカラスも含めて「すべてのカラスは黒い」のだろうと推定するためのある程度の根拠にはなりそうである。しかし，新たに黒くないカラスが発見されることはあり得る。その場合，この推論は前提はすべて真だったが，結論は偽だったということになる。つまり，帰納に関しては，通常適切であると考えられるような例でも妥当な推論，すなわち「前提がすべて真なら必ず結論も真」とはならないのである。

　演繹的な根拠づけと帰納的な根拠づけの対比を示すために，別の例を挙げてみよう。「すべての三角形の内角の和は二直角である」という結論の真偽をたしかめようとしている場合，証明（幾何学の公理から演繹による根拠づけ）による方法と，いろいろな三角形を作ってみて分度器で図ってたしかめるという帰納的な方法がある。帰納的な方法は，もちろん推測の方法として有効であり，多数の例で法則が成り立っており，法則に反する例がみつからないとすれば，それはたしかにある程度まで結論の正しさを根拠づけるものではあろう。しかし，それは演繹的証明が持つ絶対的確実性は持っていない（他方，演繹による証明は，その出発点として幾何学の公理が真であることを仮定してはじめて証明となる）。

　演繹（妥当な推論）の範囲は，現代の論理学ではほぼ確定している。それに対し，帰納的推論に関しては，演繹的妥当性とは別の適切性の規準がありそうなのだが，多数の試みにもかかわらず大部分の人が一致して認める帰納の適切性の規準はまだみつかっておらず，そうした規準が存在するのか否かについても意見が分かれている。さらに，帰納的推論と呼ばれているものは実際には結論の正しさを何ら根拠づけておらず，厳密にいえば推論ではないと考える立場も有力である。

　現代では，個別の事実から一般的な法則を導き出すような推論に限らず，妥当ではないが何らかの意味で結論の正しさを根拠づけてくれるような推論全般を帰納に含める場合が多い。「帰納」という語を聞いて高校の数学で習う「数学的帰納法」を思い浮かべた方もいるかもしれないが，これは現代的な区分での「帰納法」だとは考えない方がいい。数学的帰納法は，個々の数の間に成り立つ関係を前提にしてすべての数に関して成り立つ結論を導く推論であるという特徴に着目すれば，たしかに帰納の一種だということになる。しかし，数学

的帰納法による証明は，不確実な推測などではなく確実な証明の1つだという点から考えれば，演繹的証明の一種と考えられるからである。

帰納的推論をどう考えるかは，物理学などの経験科学の基礎を考える科学哲学，科学方法論では現在でも重要な論点の1つであり，確率論や統計学を応用した仮説検定の方法などは，帰納的推論に対する現代的アプローチとみることができる。しかし，現代では狭い意味で「論理学」という語を使う場合，演繹に関する論理学のことを指し，帰納的推論はそこでは取り扱われない。

1.3　知識の表現としての理論（演繹体系）

日常生活の中で，推論・根拠づけに絶対的な確実性が要求される場面はさほど多くないだろう。そこでは多くの場合，結論に高い蓋然性があればそれで十分であり，演繹の持つ確実性は不必要である。しかし，学問的な知識を体系化し**理論**として構成しなければならない場合は，そうではない。

理論は，ある分野の知識・情報の単なる寄せ集めであってはならない。原理をみつけ出し，その原理からその分野のさまざまな結論が導き出され，あるいはその原理に基づいて説明できるように体系化されているものこそが，「理論」の名に値する。当然，そこでは原理が立てられるだけでなく，どのような結論がその原理から導き出せるのかについての規準も定められていなければならない。この原理からの帰結の導出は，確実なものでなければならない。そこに曖昧さがあれば，その理論が結論として何を主張し何を主張していないかが，曖昧になってしまうからである。

こうした「理論」に対して要請される性質を最も厳密な形で実現しているのが，**公理系**と呼ばれる数学の理論である。そこで原理に当たるものが**公理**であり，その公理から妥当な演繹的推論だけを用いて証明されるものだけが，その理論の**定理**となる。

このような仕方で知識を体系化することは，数学では古代ギリシャのユークリッドの幾何学においてすでに行われている。図形についてのさまざまな性質が，少数の公理だけから定理として演繹的に証明できるように，ユークリッドの幾何学の理論は構成されている。

こうした公理系という形での知識の体系化は，数学では現代でも行われているが，その理解は古代と現代では若干異なっている。伝統的には，公理はそこに含まれる概念を理解している人であればそれが真であることを疑い得ないような自明な真理であり，その公理から妥当な推論だけを使って証明された定理もまた，その正しさが理性のみによって確実に知られるものだと考えられていた。こうした，自明な公理からの演繹による知識は，不確実な帰納的推論によってしか根拠づけられない経験的な知識に比べて，より確実な知識の典型とみなされていた。

それに対し，現代では数学の理論の公理は，理論構築の出発点として仮に設定された原理とみなされ，その公理から証明される定理も，理論とは独立した絶対的な真理性を持っているわけではなく，あくまでも「その理論において真」なものにすぎないと考えられるのが普通である。

ともあれ，現代でも数学の理論はこのような公理系＝演繹体系として表現される場合が多いが，数学以外の他の学問の理論の場合には，数学ほど厳密な演繹体系の形で表現されることはほとんどない。しかし，数学以外の学問の理論においても，それが理論である以上，原理を打ち立て，その原理に基づいて諸帰結を導出し，説明するということは行われているはずである。そこでの帰結の規準は厳密な意味での演繹よりは広いものであったり，ある程度の曖昧性を含まざるを得ない場合も多いだろう。しかし，それらの理論は擬似的には演繹体系とみなせるし，現代の論理学で得られた数学における演繹的推論の分析は，間接的にはそれらの理論を正確に理解したり，分析したりする際にも，参考として役立つもののはずである。

知識を演繹体系という形で整理し表現することは，効率のいい情報の蓄積，伝達のための手段とみることもできる。少数の原理とそこからの導出の規準を定めることによって，個々の結論をすべて羅列していくよりもずっとコンパクトな形で同等の情報を表現することができるからである。この観点からみるなら，論理は知識表現の技術の1つとしてみなすこともできる。

1.4 伝統的論理学と20世紀の論理学

　論理学という学問は，上述のように古代ギリシャのアリストテレスまで遡ることができる古い学問であるが，20世紀になってそれまでの伝統的な論理学とは異なる「数学的論理学」と呼ばれる学問が急速に発展した．

　伝統的な論理学は，討論の技術の1つとして誕生したものであるといわれているが，実際，中世のヨーロッパのように討論が重視された時代，地域では論理学も重視されてきた．概念の分類や三段論法と呼ばれる推論の形式に関する理論などを含むこの伝統的な論理学の核になる部分は西洋ではアリストテレスの論理学であり，19世紀の後半になるまでは，論理学は本質的な部分ではすでに完成した学問であるとみなされることもあった．現代からみれば，この伝統的論理学はその当時の数学の証明で実際に使われていた推論を分析する能力もなく，完成とは程遠いものなのだが，このことはどういうわけか当時の人たちには重視されていなかったようである．

　現代の論理学は，19世紀後半から20世紀に主に数学基礎論の一部門として生じ，発達してきたものである．すでに述べたように，理性を有するものであれば誰でも認めざるを得ない自明の真理である公理を出発点とし，そこから確実な演繹的推論だけを用いて証明される数学の定理は，伝統的には理性による確実な認識の典型とみなされてきたし，それが確実であること自体も理性によって直接に認識されると考えられていた．しかし，数学が発展しより抽象的になるにつれて，数学に対するこのような信頼も揺らいでくる．公理は自明な普遍的真理ではなく，恣意的に設定されたものにすぎないかもしれず，そこで証明される定理もその普遍的真理性が直観的に分かるようなものではなくなり，どのような意味でそれが真理といえるのか疑わしくなってくる．また，無限概念の取り扱いなどに関連して，ある数学者によって証明として提示されたものが本当に証明になっているか否かについての意見の対立なども生じるようになってきた．

　そうした中で，数学の基礎をもう一度確認する必要性が感じられ，数学の証明とは何なのか，そこで用いられる推論とはどういうものなのかを再検討しよ

うという動機が生じ，そのための分析の道具としてアリストテレス以来の伝統的な論理学とは異なる論理学を構築する必要が出てきた．現代の論理学の中核となる述語論理は，この目的に応えるために発展してきたものである．

　方法に関しても，伝統的論理学と現代の論理学には大きな違いがある．伝統的論理学は自然言語で表現された推論を直接的に取り扱い，例えばその中で妥当な三段論法の形式をみつけ出していく．それに対し，現代の論理学は自然言語とは異なる人工的な記号言語の体系を構築し，その言語で数学を表現することによって数学の論理を探求する．18 世紀の哲学者ライプニッツは，知識を厳密に表現する必要がある場合には，自然言語のような曖昧さを持たない厳密に意味が定義された理想言語を構築し，それを用いるべきだと主張したが，現代の論理学の中核を成す述語論理の言語というのは，数学の理論の表現という限定内で，このライプニッツの理想言語を実現したものであるとも考えられる．

1.5　論理的思考と論理学

　論理学は**規範的**な学問であるといわれる．論理学が探求するのは，現実に人々がどのように推論しているかという事実ではなく，正しい（妥当な）推論の規準――「どのように推論すべきか？」――だからである．現実の世界では，ひとはしばしば誤った推論を行うだろうし，妥当でない推論を妥当な推論と思い込むこともあるだろうが，これらのことの研究は論理学の関連分野ではあるが，論理学には含まれない（現実の人間が行っている推論についての研究は，心理学の中で行われており，有名なものとしては子どもの論理的思考力の発達に関するピアジェの研究などがある）．

　述語論理のような論理学の人工言語をそのできあがった姿だけからみていくと，論理学は，論理学に先立って存在している推論の正しさの規準を発見するのではなく，推論の正しさの規準を定めていく学問のようにみえるかもしれない．たしかに，述語論理の中での推論の妥当性は，定義や規約に基づくものであり，そこだけをみれば論理学の中で取り決められたものともいえる．

　しかし，これは視野の狭い見方であろう．現代の論理学が行ったことは，それ以前から数学者たちに共有されてきた推論の妥当性の直観的規準の明確な定

式化とみなすべきだと，私は考えている．述語論理の規約は，もともとの数学の活動の中で妥当な推論とみなされてきた推論が述語論理の中でも妥当な推論になることを目指して，作られているものだからである．この視点から考えれば，述語論理は恣意的に論理を規定しているものではなく，もともと数学の中に存在していた論理を解明し，それを表現したものとして理解すべきである．

　それでは，現代論理学の成立以前から数学者たちの直観の中に存在してきた論理——妥当な推論の直観的な規準——は，どのようにして生じたのだろうか．これは，論理学の哲学の問題であり唯一の正解が存在するような問いではなく，さまざまな考え方が可能である．

　1つの考え方としては，数学の論理は数学の活動の中で暗黙の慣習的な規約として生じたという考え方がある．そう考えるなら，人は数学を学ぶことを通じて，数学の世界での慣習的な規約である数学の論理を学習し継承していくのだ，ということになる．

　しかし，一方で論理が完全に恣意的な規約（例えば交通ルールとしての右側通行のようなもの）として説明できるかというと，そうでもなさそうに思われる．仮に論理が単なる規約にすぎないのであれば，時代や場所が異なれば，全く異なる論理（推論の正しさの規準）が採用されていてもいいはずだが，現実には，異なる場所，時代の数学でもそれらの間にさほど大きな論理の差異は見受けられないようである．ここから考えれば，論理というのは単なる規約ではなく，より普遍的なものではないかという推定もできる．

　しかし，その普遍性がどの範囲にまで及ぶのかは，はっきりしない．近代の哲学者の中には，人間のみならずすべての理性を有する存在に共通の「認識の形式」というものが存在し，論理はそこに起源があると考えた人もいたが，そうではなく，論理は人間という種に固有のものであり，究極的にはその脳の構造によって規定されているものだと考えることもできるだろう．

　ともあれ，通常の知能を備えた人間は，論理学を学ぶことではじめて論理的に考えることができるようになるわけではない．論理学は一度も学んだことがなくても，論理的に正しく考える能力や基本的な推論の正しさを判定する能力を，人は持っているものであろう．このことは，20世紀の論理学が成立する以前から，現代の論理学の眼からみても妥当な推論を用いて数学者たちが証明

を行ってきたということからも分かる。

　そうであれば，なぜ論理学というような学問が必要なのか，と疑問を持たれた方もいるかもしれないが，そう思われた方は文法学という学問を考えてみていただきたい。普通に日本に生まれ育った人なら，特に日本語の文法を勉強したことがなくても，文法的に正しい日本語の文を書くこともできるし，ある文が文法的に正しい日本語の文になっているか否かを直観的に判定することもできる。しかし，例えば外国人の日本語学習者に「なぜこれだと正しい日本語の文で，これだとそうでないのか？」と質問されたとき，この直観的な判定の能力だけでは答えることはできないのではないか。日本語の母国語話者は，文法的に正しい文とそうでない文を判別できるのだから，ある意味で日本語の文法を知っているわけだが，自分がどのような規準で判別しているのかを知っているわけではない。この規準を明確にしようとすれば，文法学という1つの学問が必要になるわけである。

　論理についても事情は同様ではないだろうか。普通の知能を備えた人であれば，たとえ論理学を学んだことがなくても，妥当な推論を用いて証明をしたり，推論が妥当なものであるか否かを直観的に判定したりすることはできる。しかし，その人は，自分がどういう規準にしたがって判定しているかを明確に知っているわけではない。この規準を解明し，明確な形で認識するためには，論理学という1つの学問が必要になるのである。

　論理学の学習を通じて，自分が意識せずにそれに基づいて考えている「論理」というものを再確認することは，学問的な活動においてはもちろん，現実の生活の中でもそれなりの意義を持つことであろう。そうした形で，論理学を活用していただきたいというのが，本書の趣旨である。

第 2 章　命題論理——文をつなぐ接続詞の論理

2.1　命題論理の言語

　　　　　　　AかつBである，ということはない。　　（前提1）
　　　　　　　Aである。　　　　　　　　　　　　　　（前提2）
　　　　　　　故に，Bではない。　　　　　　　　　　（結論）

　A，Bに真偽のいえる文が置かれたとき，この型の推論はつねに妥当な推論になる。前提・結論にあらわれる「かつ」，「ではない」というような表現は，それを使って作られる複合表現（例えば「AかつB」）の真偽がその構成要素（A，B）の真偽だけから決定されるという特徴を持っている。こういう場合，「AかつB」はAとBの真理関数（truth function）であるといわれ，上記の推論の妥当性は，こうした真理関数の性質から説明できる。

　命題論理（propositional logic）の言語は，この真理関数の概念だけを原理として構成される，人工的な記号言語の体系である。

2.1.1　命題論理の記号
　命題論理の言語で用いられる記号は以下のものである。
- **命題記号**（Propositional Letters）：P, Q, R, ……　あるいは P_1, P_2, P_3, ……
- **論理記号**（Logical Constants）：¬, ∧, ∨, →
- **補助記号**：(,)

　命題論理の言語では，真理関数という視点ではそれ以上分析できない命題（典型的には自然言語の単文に相当する）を，命題記号という単一の記号であらわし，それらを論理記号で結びつけることによって，さまざまな論理式を構成していく。

2.1.2 命題論理の論理式の定義

論理式（formula）とは，日常言語の「文」に相当する，意味のある記号の列のことである。単語を並べたものがすべて文になるわけではないのと同様に，命題論理の記号を並べたものがすべて論理式になるわけではない。論理式といえるのは，下のような規則で作られる記号の列だけである。

・もし A が命題記号であるなら，A は論理式（**原子論理式**（atomic formula））である。
・もし A が論理式であるなら，$(\neg A)$ も論理式である。
・もし A と B が論理式であるなら，$(A \lor B)$，$(A \land B)$，$(A \to B)$ も論理式である。
・以上の手続きによってできるものだけが論理式である。

また，これらの規則を使って 1 つの論理式が構成される途上であらわれる論理式のことを，その論理式の**部分論理式**という。

2.1.3 カッコの省略

先の定義にしたがって構成した論理式は，例えば次の図のように必ず 1 通りの仕方で部分論理式に分解していくことができる。つまり命題論理の論理式は構造上のあいまいさを持たない。

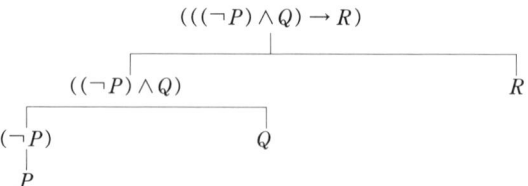

こうした利点を持つ一方で，この定義通りに書かれた論理式は，あまりにカッコが多すぎて読みにくくなってしまう。そこで，次のような規則でカッコを省略した形が通常は用いられる。

（1）1 番外側のカッコは省略する。

例：$P \land Q \longleftarrow (P \land Q)$

（2）カッコを省略しても 1 通りにしか解釈できない場合，カッコを省略する。

例：$\neg \neg P \longleftarrow \neg(\neg P)$

（3）結合力の強さの順番を $\neg > \wedge,\ \vee > \to$ と決めて，多義性の生じない範囲でカッコを省略する。

例：$\neg P \wedge Q \longleftarrow (\neg P) \wedge Q$

$P \wedge Q \to P \vee Q \longleftarrow (P \wedge Q) \to (P \vee Q)$

これは $3+(4\times 5)=23$ を $3+4\times 5=23$ と書くのと同様である。

（4）$\wedge$ または $\vee$ だけで3つ以上の論理式が結合されているときにはカッコを省略し，左から先に結合するものと解釈する。

例：$P \wedge Q \wedge R \longleftarrow (P \wedge Q) \wedge R$

$P \vee Q \vee R \longleftarrow (P \vee Q) \vee R$

2.1.4 推論を指すメタ言語の記号

命題論理の論理式を構成するのに使える記号は上述のように決まっているが，命題論理の推論を指す記号があった方が便利なので，$A_1, A_2, \ldots, A_n, B$ が命題論理の論理式であるとき，$A_1, A_2, \ldots, A_n \Longrightarrow B$ で「前提 $A_1, A_2, \ldots, A_n$ から結論 B への推論」をあらわすことにする。この表現は命題論理について語るための言語（メタ言語）の表現であり，命題論理の論理式ではないことに注意しなければならない。例えば，$P \to Q,\ \neg Q \Longrightarrow \neg P$ という表現は以下の表現と等価である。

$$\begin{array}{ll} P \to Q & \text{（前提1）} \\ \neg Q & \text{（前提2）} \\ \hline \neg P & \text{（結論）} \end{array}$$

2.1.5 論理式の真理条件の定義

論理式の真理条件（truth condition）は次のような規則で定義される。

- A が原子論理式なら，A は真または偽のどちらか一方である。
- $\neg A$ が真となるのは A が偽のときだけであり，それ以外の場合 $\neg A$ は偽。
- $A \vee B$ が偽となるのは A と B が両方とも偽のときだけであり，それ以外の場合 $A \vee B$ は真。
- $A \wedge B$ が真となるのは A と B が両方とも真のときだけであり，それ以外の場合 $A \wedge B$ は偽。

・$A \to B$ が偽となるのは A が真で B が偽のときでありだけ，それ以外の場合 $A \to B$ は真．

これを表にしてまとめると以下のようになる．ただし，表の中の t は真（true），f は偽（false）をあらわしている．

A	B	$\neg A$	$A \vee B$	$A \wedge B$	$A \to B$
t	t	f	t	t	t
t	f	f	t	f	f
f	t	t	t	f	t
f	f	t	f	f	t

以上の定義から，原子論理式以外の論理式もすべて，真または偽のどちらか一方になる．論理学では，この真・偽を論理式が持つ値と考え，**真理値**（truth value）と呼ぶ．この言葉を用いて表現すれば，真理関数とは「全体の真理値がその構成要素の真理値の関数となっている表現」ということになる．

2.2 論理式と日常言語

2.2.1 論理式と日常言語の文の関係

「田中さんは英語が話せる」という命題を P で，「田中さんはフランス語が話せる」という命題を Q であらわすことにすると，論理式と日本語の文はおおまかにはそれぞれ次のように対応する．

・否定（negation）：$\neg P$（P ではない）

　「田中さんは英語が話せる，ということはない」，

　「田中さんは英語が話せない」など

・連言(れんげん)（conjunction）：$P \wedge Q$（P かつ Q）

　「田中さんは英語が話せ，そして田中さんはフランス語が話せる」，

　「田中さんは英語も話せるし，フランス語も話せる」，

　「田中さんは英語もフランス語も話せる」など

・選言(せんげん)（disjunction）：$P \vee Q$（P または Q）

　「田中さんは英語が話せるか，あるいは田中さんはフランス語が話せる」，

「田中さんは英語かフランス語が話せる」など
・**条件法**（conditional）：$P \to Q$（PならばQ）
　「もし田中さんに英語が話せるとしたら，彼はフランス語も話せる」，
　「田中さんに英語が話せるなら，彼はフランス語も話せる」など

2.2.2　論理式と日常言語の対応の問題点

　論理式と日常言語の先のような対応は，厳密なものではない．日常言語の接続詞は，真理関数的な意味以外の意味もあわせ持っていたり，真理関数的に多義的だったりする．例えば，次のような問題点がある．

・日本語の「そして」は，真理関数的な意味とともに時間的な前後関係なども意味していることがあるが，論理式の $A \wedge B$ でとらえられる意味は真理関数的なものだけである．例えば，「警察官が発砲し，そして犯人は射殺された」と「犯人は射殺され，そして警察官は発砲した」は異なる意味を持つが，$A \wedge B$ と $B \wedge A$ は完全に同義であり，A と B の内容に何の関連性も無い場合でも使うことができる．

・日本語の「A なので B」，「A だけれども B」などの表現は，A と B がともに事実であるということを含意している．それに加え，これらの文は，「A が B の理由（原因）である」，「A の場合には通常 B ではないが，今回は例外的に B である」といったことも表現しているが，これらの内容は命題論理では表現できない．したがって，これらの文を命題論理で記号化しようとすると，ともに $A \wedge B$ とするしかない．これはすなわち，もとの文が持っていた意味内容のうち真理関数的な要素のみが論理式で表現されたということである．

・日本語の「または」は真理関数的にみると 2 種類あるといわれる．「A または B」は，「A と B のどちらか一方だけが真」という意味で使われる場合と，「A と B の少なくともどちらかは真（もしかしたら両方とも真）」という意味で使われる場合があるとされるが，$A \vee B$ であらわされるのは後者の意味である．

・日本語の「A ならば B」という表現には明らかに $A \to B$ という論理式に翻訳できない用法がある．例えば，「もし私が億万長者だったとしたら，

……」というような反事実条件文は，条件部分が偽でも，全体として偽となるかもしれない（それに対し，$A \to B$ は A が偽のときには必ず真である）。このような反事実条件文の「A ならば B」は，「A が真であるという点では現実世界と異なっているが，その他の点では現実世界に最も似た可能世界において，B が真である」というように分析されることがあるが，ともかく構成要素 A, B の現実世界での真理値のみから全体の真理値が決定できるような表現（真理関数）ではない。

- しかし，$A \to B$ と記号化していいような「A ならば B」の用法もある。例えば，ある会社の新入社員募集の条件として「応募者が外国人であるならば，日本人の保証人がいること」という条項が含まれていたとしよう。この条項で排除されるのは，外国人であり日本人の保証人がいない応募者だけであり，そもそも外国人でない応募者は保証人の有無を問わず誰も排除されないであろう。これはつまり，こうした場合の「A ならば B」という型の条件で排除されるのは，A には該当するが B には該当しないものだけであり，それ以外のものはすべてこの条件を満たしていると考えられているということである。こうした場合の「A ならば B」は，$A \to B$ とほぼ同じ真理条件をあらわしていると考えることができるであろう。

- 文と論理式を 1 対 1 でみくらべたときに同義とはいえないような場合でも，推論の中で日本語の条件文が果たしている機能という点を考えると，それを $A \to B$ と記号化して分析することが有益な場合がある。例えば，「もし A ならば B だ」という条件文には，単独では「B」という結論を導くことができないが，前提に「A」がつけくわえられれば「B」という結論が導き出せるという性質があるが，命題論理においても，$A \to B \Longrightarrow B$ は妥当な推論ではないが，$A \to B, A \Rightarrow B$ は妥当な推論となる。こうした推論のパターンの類似は，条件文が前提や結論にあらわれる多くの推論の型に関しても成り立つ。

　このことから，命題論理の $A \to B$ 型の論理式は，自然言語の推論において条件文が担っている機能を，命題論理の推論において担うことができる一種の**代用品**とみなすことができる。

ともあれ，例えば，「$A \to B$ は A が偽のとき本当に真だろうか」というよう

な疑いは無意味である。→ の真理条件は**定義**されたものだからである。疑う意味があるのは，日本語の「もしAならばB」という条件文を $A \to B$ と記号化していいかどうかの方である。なお，自然言語の条件文については4.1.1にも解説があるので，この問題に興味がある方は，そこも参照した上で考えてみていただきたい。

2.3 真理表

2.3.1 真理表とは何か？

前に述べたように，命題論理の論理式は真理条件が定義によって厳密に定められている。その定義にしたがって，与えられた論理式がいつ真となりいつ偽となるかを順に書き出した表が，**真理表**（truth table）である。

P	Q	$\neg P$	$\neg P \to Q$	$\neg(\neg P \to Q)$
t	t	f	t	f
t	f	f	t	f
f	t	t	t	f
f	f	t	f	t

例えば，上の真理表の1行目は P が真で Q も真のときには $\neg(\neg P \to Q)$ は偽となるということ，……4行目は P が偽で Q も偽のときには $\neg(\neg P \to Q)$ は真となるということ，を示している。

2.3.2 真理表の書き方

上の真理表を例にとって，真理表の書き方を説明する。まず，与えられた論理式の構成を調べてみると，

$$
\begin{array}{c}
\neg(\neg P \to Q) \\
| \\
\neg P \to Q \\
\diagup \quad \diagdown \\
\neg P \qquad Q \\
| \\
P
\end{array}
$$

となっており，P, Q 2つの原子命題が含まれている。したがって，原子命題の真理値の組み合わせは $2^2=4$ 通りになる。構成要素から複合表現へ，という順で真理値を計算していくため，表の組み立ては次のようになる。

P	Q	$\neg P$	$\neg P \to Q$	$\neg(\neg P \to Q)$
t	t			
t	f			
f	t			
f	f			

真理表を完成させるためには，この空欄に真偽を書き込んでいかなければならない。最初の列は $\neg P$ であるが，これは P に $\neg$ の記号をつけたものだから，$\neg$ の真理条件の定義から，P が t なら f，P が f なら t となる。

P	Q	$\neg P$	$\neg P \to Q$	$\neg(\neg P \to Q)$
t	t	**f**		
t	f	**f**		
f	t	**t**		
f	f	**t**		

次は $\neg P \to Q$ であるが，これは $A \to B$ の形をしている。定義によって，この論理式は A が t で B が f のときだけ f となり，それ以外の場合は t となる。この場合でいえば，$\neg P$ が t で Q が f のときだけ f となり，それ以外の場合は t となる，ということになる。

P	Q	$\neg P$	$\neg P \to Q$	$\neg(\neg P \to Q)$
t	t	f	**t**	
t	f	f	**t**	
f	t	t	**t**	
f	f	t	**f**	

最後に $\neg(\neg P \to Q)$ は $\neg P \to Q$ の否定だから，次のように書き込めば真理表が完成する。

P	Q	$\neg P$	$\neg P \to Q$	$\neg(\neg P \to Q)$
t	t	f	t	**f**
t	f	f	t	**f**
f	t	t	t	**f**
f	f	t	f	**t**

2.3.3 トートロジー・矛盾式

下の真理表の $P \vee \neg P$ のように，真理表のすべての行で真になるような論理式を恒真式またはトートロジー（tautology）という。トートロジーは，そこに含まれる命題記号の真理値に関係なく，全体としてはつねに真であることが形式だけから分かるような論理式である。

トートロジーと反対に，つねに偽になる論理式を，**矛盾式**（contradiction）という。下の真理表の $P \wedge \neg P$ は，矛盾式の例である。

トートロジー

P	$\neg P$	$P \vee \neg P$
t	f	t
f	t	t

矛盾式

P	$\neg P$	$P \wedge \neg P$
t	f	f
f	t	f

トートロジーと矛盾式の間には次のような関係がある。

・A はトートロジー $\iff$ $\neg A$ は矛盾式。
・A は矛盾式 $\iff$ $\neg A$ はトートロジー。

「論理式 A はトートロジーである」をあらわすメタ言語の記号として $\models A$ を**「論理式 A はトートロジーではない」**をあらわすメタ言語の記号として $\not\models A$ を用いることにする。

「トートロジー」という語は，命題論理の論理式だけではなく，命題論理に翻訳したらトートロジーになるような自然言語の文に関しても使われる。例えば，「明日雨が降るか，または明日雨が降らないかだ」という文はトートロジーである。

トートロジーは，いかなる事実にも依存せず論理だけからつねに真になる文・論理式であり，それ故に，具体的な情報を全く含んでいないような文・論

理式でもある。このことは，「明日雨が降るか，または明日雨が降らないかだ」という文が天気予報で使われる場合を考えてみれば分かるだろう。この予報は，明日の天気がどうであれ決して外れることはないが，それ故明日の天気に関して何も教えてくれないものでもある。トートロジーのこの性質は，数学における恒等式がそこに含まれる変数の値に関して何の情報ももたらさないということに似ている。

トートロジーが論理学において注目されるのは，それが「そこに含まれる命題記号の真理値に関係なく全体としてはつねに真となる」という特異な性質を持つからでもあるが，後述するように，論理学的に重要な他の問題を1つの論理式がトートロジーになるか否かという問題に置きかえて考察できるからでもある。

2.3.4 真理表の哲学的理解

論理式の直観的意味づけを考えているときには，命題記号は例えば，「田中さんは英語が話せる」というような具体的な命題をあらわすものとして意味解釈された。それに対し，真理表を使った計算のような形式的意味論では，こうした意味解釈は行われず，命題記号にただtかfかの真理値を割り当てることだけを行い，それを「命題記号の解釈」と呼ぶ。

これは，形式的意味論における「記号の解釈」とは，「その記号を用いた論理式の真理値を確定するのに必要最小限の情報」のことだからである。命題記号の直観的な意味づけ（「田中さんは英語が話せる」など）が与えられても，それだけではその命題記号を用いた論理式の真理値は決定できない。それに対し，命題記号の真理値が与えられさえすれば，その記号の直観的意味づけがなくても，その命題記号を用いた論理式の真理値は決定できる。したがって，形式的意味論では，命題記号の意味内容には触れず，ただ真理値を割り当てることを「命題記号の解釈」とするのである。

しかし，意味解釈を介することなく命題記号に直接に真理値を割り当てるというこの単純な形式のために，真理表において命題記号が真の場合と偽の場合を考えることが何を意味するのかということについて，2つの異なる哲学的理解が可能になってしまう。

1つは，命題記号の意味解釈は固定しておいて，真理表ではその命題の現実世界での真理値だけではなく，他の**可能世界**における真理値をも考えているのだ，とみる理解である。例えば，P という命題記号が「第2次世界大戦において日本は敗北した」という命題をあらわしているとしよう。この命題は，現実世界においては当然真である。しかし，この命題が偽になるような可能世界も考えることができる。真理表は，現実世界とは異なるこうした可能世界での真理値も考察の対象にするのだ，と考えるわけである。この理解に立てば，トートロジーとは，単に現実世界で真であるのみならず，すべての可能世界において真となる，**必然的**に真な命題を表現する論理式だということになる。

もう1つは，真理表において1つの命題記号が真の場合と偽の場合の両方を考えるとき，命題記号に異なる意味解釈を与えているのだ，とする理解である。例えば，P という論理式は，命題記号 P に「第2次世界大戦で日本は敗北した」という意味解釈を与えれば真だが，「第2次世界大戦で日本は勝利した」という意味解釈を与えれば偽である。それに対し $P \lor \neg P$ という論理式は，P の意味解釈がどういうものであるかにかかわらず，必ず真となる。この立場では，トートロジーとは，そこに含まれる命題記号があらわしている命題が何であるかに関係なく，その形式のみから必ず真となる論理式だということになる。

命題論理だけを考えれば，最初の理解の仕方の方が分かりやすいかもしれないが，論理学において主流なのは後者の理解の方であろう。命題記号が数学的命題のようなそれ自身必然的に真または必然的に偽な命題をあらわしている場合，それが現実世界の真理値とは異なる真理値を持つような可能世界を想定することには，困難が伴うからである。

この2つの哲学的理解は，後述する妥当な推論とトートロジーの関係を介して，妥当な推論の「前提がすべて真なら**必ず**結論も真」というの定義の中の「必ず」をどう理解するかという問題にも関わってくる。しかし，命題論理の真理表に関しては，この2つの哲学的理解のどちらも可能であり，どちらの立場に立っても計算手続きは全く同じものになる。

2.3.5 トートロジーと推論の妥当性との関係

すでに述べたように，妥当な推論とは「前提がすべて真なら必ず結論も真」

であるような推論のことである。いいかえれば,「**前提はすべて真となるが結論は偽となるような場合があり得ない**」ならば,その推論は妥当といえる。したがって,推論の妥当性とトートロジーの間には次のような関係があることになる。

$$A_1, A_2, \ldots, A_n \Longrightarrow B \text{ は妥当な推論である。}$$
$$\Updownarrow$$
$$A_1, A_2, \ldots, A_n \text{ がすべて真で } B \text{ が偽となることはあり得ない。}$$
$$\Updownarrow$$
$$(A_1 \wedge A_2 \wedge \ldots \wedge A_n) \text{ が真で } B \text{ が偽となることはあり得ない。}$$
$$\Updownarrow$$
$$(A_1 \wedge A_2 \wedge \ldots \wedge A_n) \to B \text{ はトートロジー。}$$

「$A_1, \ldots, A_n \Longrightarrow B$ は妥当な推論である」をあらわすメタ言語の記号として $A_1, \ldots, A_n \models B$ を,「$A_1, \ldots, A_n \Longrightarrow B$ は妥当な推論ではない」をあらわすメタ言語の記号として $A_1, \ldots, A_n \not\models B$ を用いることにする。これらのメタ記号を使って表現すれば上記の関係は,以下のように表現される。

$$A_1, A_2, \ldots, A_n \models B$$
$$\Updownarrow$$
$$\models (A_1 \wedge A_2 \wedge \ldots \wedge A_n) \to B$$

日常言語の推論への応用については,4.1.3 をみていただきたい。

2.3.6 真理表による推論の妥当性の判定の例

例題 1

P	Q	$P \wedge Q$	$\neg(P \wedge Q)$	$\neg Q$	$\neg(P \wedge Q) \wedge P$	$\neg(P \wedge Q) \wedge P \to \neg Q$
t	t	t	f	f	f	t
t	f	f	t	t	t	t
f	t	f	t	f	f	t
f	f	f	t	t	f	t

上の真理表から,$\models \neg(P \wedge Q) \wedge P \to \neg Q$

故に,$\neg(P \wedge Q), P \models \neg Q$。

例題 2

P	Q	$P \wedge Q$	$\neg(P \wedge Q)$	$\neg P$	$\neg(P \wedge Q) \wedge \neg P$	$\neg(P \wedge Q) \wedge \neg P \to Q$
t	t	t	f	f	f	t
t	f	f	t	f	f	t
f	t	f	t	t	t	t
f	f	f	t	t	t	f

上の真理表から, $\not\models \neg(P \wedge Q) \wedge \neg P \to Q$

故に, $\neg(P \wedge Q),\ \neg P \not\models Q$。

例題 3

P	Q	R	$P \to Q$	$Q \to R$	$P \to R$	$(P \to Q) \wedge (Q \to R)$	$(P \to Q) \wedge (Q \to R) \to (P \to R)$
t	t	t	t	t	t	t	t
t	t	f	t	f	f	f	t
t	f	t	f	t	t	f	t
t	f	f	f	t	f	f	t
f	t	t	t	t	t	t	t
f	t	f	t	f	t	f	t
f	f	t	t	t	t	t	t
f	f	f	t	t	t	t	t

上の真理表から, $\models (P \to Q) \wedge (Q \to R) \to (P \to R)$

故に, $P \to Q,\ Q \to R \models P \to R$。

2.3.7 論理的同値

次の真理表をみると, $\neg P \wedge \neg Q$ と $\neg(P \vee Q)$ はどの行でも真理値が一致している。この2つの論理式は, 真理条件が同じである。こういう場合に, $\neg P \wedge \neg Q$ と $\neg(P \vee Q)$ は**論理的に同値**(logically equivalent)である, という。

P	Q	$\neg P$	$\neg Q$	$\neg P \wedge \neg Q$	$P \vee Q$	$\neg(P \vee Q)$
t	t	f	f	f	t	f
t	f	f	t	f	t	f
f	t	t	f	f	t	f
f	f	t	t	t	f	t

論理的同値性とトートロジーの間には以下のような関係がある。

A と B は論理的に同値である。
$$\Updownarrow$$
$A \to B$ と $B \to A$ は両方ともトートロジー。
$$\Updownarrow$$
$(A \to B) \wedge (B \to A)$ はトートロジー。

A と B が論理的に同値であるというのは，$A \vDash B$ かつ $B \vDash A$ というのと同じことである。

2.3.8 論理的同値の応用——論理記号の制限

命題論理の4つの論理記号は，必ずしもすべて必要なわけではない。どのような論理式（4つの論理記号がすべてあらわれている可能性がある）に対しても，それと論理的に同値であり，論理記号は¬と∨しかあらわれない論理式が存在する。このことの鍵となるのは，A, B がどのような命題論理の論理式であっても，以下の左右の論理式が論理的同値になるという事実である。

$$A \wedge B \iff \neg(\neg A \vee \neg B)$$
$$A \to B \iff \neg A \vee B$$

与えられた論理式の中に $A \wedge B$ や $A \to B$ という形の部分論理式があらわれるとき，それらを右の形に書きかえれば，もとの論理式と論理的に同値で∧や→があらわれない論理式が作れるというわけである。

ここから分かることは，命題論理の論理式であらわし得る内容はすべて，論理記号は¬と∨しかあらわれない論理式であらわせるということである。同様のことは，¬と∨の代わりに¬と∧または¬と→という論理記号の組み合わせを選んでも成り立つ。

命題論理の教科書の多くでは，これらの組み合わせのどれか1つだけを原子

記号として選び，他の論理記号はあとからそれらを使って省略記号として定義するという構成を取っているが，そうしたやり方ができるのは，上述の事実に基づいている。

通常使われる論理記号の中から選ぶ場合には，これ以上論理記号の数を制限すると表現できる内容も制限されてしまうが，次のような特殊な真理条件を持つ論理記号を1種類だけ使えば，すべての命題論理の論理式に対してそれと論理的に同値な論理式を作れることが分かっている（この記号は発見者の名前を取って「シェーファーの記号」と呼ばれる）。

A	B	$A \triangle B$
t	t	f
t	f	t
f	t	t
f	f	t

2.3.9 不整合な論理式の集合

次の真理表をみると $P \to Q$ と $\neg P \to Q$ と $\neg Q$ がすべて真になる行は存在しない。

P	Q	$P \to Q$	$\neg P$	$\neg P \to Q$	$\neg Q$
t	t	t	f	t	f
t	f	f	f	t	t
f	t	t	t	t	f
f	f	t	t	f	t

これが示しているのは，これらの3つの論理式は同時に真になることはない，ということである。こういう場合に，論理式の集合 $\{P \to Q, \neg P \to Q, \neg Q\}$ は**不整合**（inconsistent）である，という。

論理式の不整合な集合とトートロジーの間には次の関係がある。

$$\{A_1, A_2, \cdots\cdots, A_n\} \text{ は不整合。}$$
$$\Updownarrow$$
$$A_1 \land A_2 \land \cdots\cdots \land A_n \text{ は矛盾式。}$$

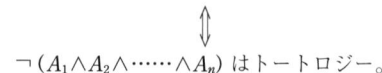

¬$(A_1 \wedge A_2 \wedge \cdots\cdots \wedge A_n)$ はトートロジー。

2.3.10 与えられた真理条件を持つ論理式を作る

論理式が与えられたとき真理表を書いてその真理条件を求めるのとは逆の問題，与えられた真理条件を持つ論理式を作るという問題について考えてみよう。

例えば，次のような真理条件を持つ論理式を作れといわれたら，どう考えたらいいか。

P	Q	R	……	?
t	t	t	……	t
t	t	f	……	f
t	f	t	……	t
t	f	f	……	f
f	t	t	……	f
f	t	f	……	t
f	f	t	……	f
f	f	f	……	f

まず問題を単純化して，真理表の最初の1行でだけ真になる論理式を考えてみよう。P, Q, R がすべて真のときにだけ真になる論理式は次のように容易に作ることができる。

P	Q	R	……	$P \wedge Q \wedge R$
t	t	t	……	**t**
t	t	f	……	f
t	f	t	……	f
t	f	f	……	f
f	t	t	……	f
f	t	f	……	f
f	f	t	……	f
f	f	f	……	f

それでは，真理表の3行目でだけ真になる論理式はどう作ったらいいか。P と R が真で Q が偽のときにだけ真になる論理式というのは，いいかえれば P, $\neg Q$, R がすべて真のときにだけ真になる論理式であり，したがって次のように作ることができる。

P	Q	R	……	$P \wedge \neg Q \wedge R$
t	t	t	……	f
t	t	f	……	f
t	f	t	……	**t**
t	f	f	……	f
f	t	t	……	f
f	t	f	……	f
f	f	t	……	f
f	f	f	……	f

同様に，真理表の6行目でだけ真になる論理式は次のように作ることができる。

P	Q	R	……	$\neg P \wedge Q \wedge \neg R$
t	t	t	……	f
t	t	f	……	f
t	f	t	……	f
t	f	f	……	f
f	t	t	……	f
f	t	f	……	**t**
f	f	t	……	f
f	f	f	……	f

以上のように，真理表のある1行でだけ真になる論理式は，命題記号またはその否定の連言という形で作ることができる。これらの論理式から最初の真理条件を持つ論理式を作るには，今度はこれらの論理式の選言を作ればいい。

P	Q	R	……	$(P \land Q \land R) \lor (P \land \neg Q \land R) \lor (\neg P \land Q \land \neg R)$
t	t	t	……	**t**
t	t	f	……	f
t	f	t	……	**t**
t	f	f	……	f
f	t	t	……	f
f	t	f	……	**t**
f	f	t	……	f
f	f	f	……	f

　以上で述べた方法は一般的なものであり，どのような真理条件が与えられても，その真理条件を持つ論理式を同様の方法で作れることは容易に推定できるだろう（正確にいえば，すべての行で偽となる論理式だけはこの方法では作れないが，それは $P \land \neg P \land Q \land \neg Q \land R \land \neg R$ などの形で容易に作ることができる）。

　これが示しているのは，いまある命題論理の論理記号だけでどのような真理関数も表現できるということである。仮に，与えられる真理条件によってはその真理条件を持つ論理式が作れないということがあるとすれば，新しい論理記号を導入して命題論理の表現力をより強化することができることになるが，そうした余地はないということが，以上から分かる。

2.4　命題論理の証明

2.4.1　意味論的方法と構文論的方法

　これまで，論理式の真理条件に基づいて真理表を書き，推論が妥当であるかどうかを判断する方法を説明してきた。このように，「論理式がどのような場合に真となるか」という点から出発して推論を考察していく方法を，論理学の中では**意味論**的な方法と呼ぶ。これと別に，妥当な推論を規定するもう1つの方法があり，**構文論**的な方法と呼ばれる。

　構文論的な方法では，真理条件のことは考えず，推論の形だけから妥当な推論を規定しようとする。その中心になるのが**証明**の概念であり，構文論的な見

方では，妥当な推論とは前提から結論が証明できる推論のことである．

普通に証明するという言葉が使われるときその意味は，与えられた前提から出発して直観的に妥当だと解かる推論を積み重ね，結論にいたることによって，その結論の正しさを示すことだと考えられる．いいかえれば，証明することとは，複雑な推論を単純な推論の組み合わせに分解するに他ならない．

この普通の証明の概念においては，「何をしたら証明したことになるのか」ということの基準は直観的なものである．例えば，証明の1つ1つのステップの中で，どのような推論を使っていいのかは決められていない．通常の場合はそれでかまわないのだが，証明の概念を用いて妥当な推論を規定しようとする場合には，こうした基準を明確にし，また証明の表現の仕方に一定の規格を定めることが必要になる．そのために構成されるのが，**形式的証明**のシステムである．

2.4.2　NK 演繹図の構成の仕方

本書で取り扱う証明のシステムは，ドイツの論理学者 G・ゲンツェンが構成したものであり，NK という名前で呼ばれている．NK では証明を1つの図で書きあらわし，それを**演繹図**と呼ぶ．下の図は NK の演繹図の一例である．

$$\cfrac{\cfrac{P\wedge Q}{Q}\wedge E \qquad \cfrac{\cfrac{P\wedge Q}{P}\wedge E \qquad P\to (Q\to R)}{Q\to R}\to E}{R}\to E$$

この演繹図は $P\wedge Q$ と $P\to (Q\to R)$ という2つの前提から R という結論を導きだす4ステップの証明をあらわしている（以降ではこれを $P\wedge Q$, $P\to (Q\to R)\Longrightarrow R$ の演繹図と呼ぶことにする）．これは，論理式の列として証明を書きあらわすようなシステムでは，例えば次のように書きあらわされる．

```
1  P∧Q              （前提）
2  P→(Q→R)          （前提）
3  P                （1より）
4  Q→R              （3, 2より）
5  Q                （1より）
6  R                （5, 4より）
```

それぞれの表記の仕方をみると，一長一短があることが分かる。後者のような書き方だと，証明の途中にあらわれる論理式がどこから導かれたのかを表記するために論理式に番号をつけ，その番号を参照することが必要になり，証明が複雑になるにつれて思考の流れを読み取るのに手間がかかる。それに対し，NK のように証明を図で書きあらわすシステムでは，思考の流れは図上の位置関係から一目瞭然である。

こうした長所がある反面，証明を図で書きあらわす場合，同一の論理式が証明の中で複数回使われているとき，その論理式を繰り返し図上に書き込む必要がある（例えば，上記の演繹図の $P \wedge Q$ という論理式）。場合によっては，単一の論理式ではなく，同一の証明ブロック全体を複数回書き込む必要がある場合もある（それに対し，論理式の列として証明を書きあらわすシステムでは，論理式そのもの，あるいはその論理式にいたる証明の部分は1回だけ書き，その番号をあとから複数回参照できる）。

NK では証明を演繹図という図で書きあらわすので，その証明を構成する1つ1つのステップの推論もまた，演繹図の部分を成す図としてあらわれる。そのため，それらは**推論図**と呼ばれる。いいかえれば，NK において「証明する」というのは，推論図を組み合わせて1つの演繹図を構成することを意味している。

2.4.3 NKの推論図

証明の基準を定めるために次に必要なことは，演繹図の中で使っていい推論図の種類を定めることである。NK の演繹図の中で使える推論図は次のように決められている。

- ∧に関する推論図

$$\frac{A \quad B}{A \wedge B} \wedge \mathrm{I} \qquad \frac{A \wedge B}{A} \wedge \mathrm{E} \qquad \frac{A \wedge B}{B} \wedge \mathrm{E}$$

- →に関する推論図

$$\frac{\begin{array}{c}[A]^n\\ \vdots\\ B\end{array}}{A \to B} \to \mathrm{I},\ n \qquad \frac{A \quad A \to B}{B} \to \mathrm{E}$$

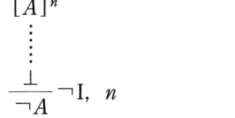

・¬に関する推論図

$$\cfrac{\begin{array}{c}[A]^n\\ \vdots\\ \bot\end{array}}{\neg A}\neg\mathrm{I},\ n \qquad \cfrac{A\quad \neg A}{\bot}\neg\mathrm{E}$$

・∨に関する推論図

$$\cfrac{A}{A\vee B}\vee\mathrm{I} \qquad \cfrac{B}{A\vee B}\vee\mathrm{I} \qquad \cfrac{A\vee B\quad \begin{array}{c}[A]^n\\ \vdots\\ C\end{array}\quad \begin{array}{c}[B]^n\\ \vdots\\ C\end{array}}{C}\vee\mathrm{E},\ n$$

・それ以外の推論図

$$\cfrac{\bot}{A}\bot\mathrm{E} \qquad \cfrac{\begin{array}{c}[\neg A]^n\\ \vdots\\ \bot\end{array}}{A}\mathrm{RA},\ n$$

推論図のリストの中にある A, B は任意の論理式をあらわす。また "⊥" という記号は矛盾を意味する記号である。推論をあらわす横線の右側の ∧I, ∧E などは，その推論図の名前であり，I は導入（Introduction），E は消去（Elimination）を意味する。演繹図を作るときにはこの推論図の名前も明記することが望ましいが，省略しても誤りではない。

2.4.4 「仮定が閉じる」ということ

・推論図 →I の意味は，簡単にいえば「『仮に A であるとすれば，そのときには B という結論が導き出される』ということを証明すれば，それによって $A\to B$ を証明したことになる」ということである。

次の $P\to Q$, $Q\to R \Longrightarrow P\to R$ の演繹図の例で考えてみよう。

$$\cfrac{\cfrac{\cfrac{[P]^1\quad P\to Q}{Q}\to\mathrm{E}\quad Q\to R}{R}\to\mathrm{E}}{P\to R}\to\mathrm{I},\ 1$$

この演繹図では，"$[P]^1$" というように，P が [ ] の中に入っているが，それはこの演繹図が，$P\to Q$ と $Q\to R$ という2個の前提から，$P\to R$ という結論を証明する演繹図であるということを示している（前提の中に P

は含まれていない）。2個の前提につけくわえて**P**を仮定すれば結論**R**が証明されるということが示されたが，そのことがすなわち「もし**P**ならば**R**」という条件文が証明されたということだ，と考えるわけである。

R が P という仮定に**依存**した（＝P を前提にしたときにのみ有効な）結論なのに対して，「もしPならばR」という条件つきの結論は，P という仮定に依存していない（いいかえれば，P であるか否か分からなくても，「もしPならばR」という結論は有効である）。このことを論理学では「P という仮定が推論図→Iで**閉じた**」と表現するが，それは演繹図の中では，仮定を [ ] の中に入れ，推論図につけたのと同じ番号を [ ] にもつけることであらわされる。仮定がどの推論図で閉じたかを示すこの番号は，絶対に省略してはならない。

この演繹図は次のように理解すると分かりやすいかもしれない。

```
P→Q…(1)（前提）
Q→R…(2)（前提）
 ┌─────────────────────┐
 │ P…(3)と仮定すると      │
 │ (3), (1)より Q…(4)    │
 │ (4), (2)より R…(5)    │
 └─────────────────────┘
(3)と仮定すると(5)という結論が出るのだから，
P→R…(6)（結論）
```

- 推論図 ¬I の意味は，簡単にいえば「『仮に A であるとしてみると，そこから矛盾が導き出されてしまう』ということを証明すれば，それによって ¬A を証明したことになる」ということである。

次の $P→Q$, $P→¬Q \Longrightarrow ¬P$ の演繹図の例で考えてみよう。

$$\frac{\displaystyle\frac{[P]^1 \quad P→Q}{Q}→\text{E} \quad \frac{[P]^1 \quad P→¬Q}{¬Q}→\text{E}}{\displaystyle\frac{\bot}{¬P}¬\text{I, 1}}¬\text{E}$$

$P→Q$ と $P→¬Q$ が前提として与えられているとき，これらの前提に加えて **P** と仮定すると，矛盾がでてくることが証明されたが，これがすなわち「**P ではない**」という結論が証明されたということだ，というのがこの演繹図の意味である。

この演繹図は次のように理解すると解かりやすいかもしれない.

> $P \to Q \cdots (1)$（前提）
> $P \to \neg Q \cdots (2)$（前提）
> > $P \cdots (3)$と仮定すると
> > (1)より $Q (4)$ となり
> > (2)より $\neg Q (5)$ となるが,
> > (4)と(5)は矛盾する.
>
> (3)と仮定すると矛盾するのだから
> $\neg P \cdots (6)$（結論）

・推論図 $\vee$E の意味は，簡単にいえば「A を仮定すると C が証明できることと B を仮定すると C が証明できることがすでに示されているときには，$A \vee B$ から C を導くことができる」ということである.

次の $P \vee Q,\ P \to R,\ Q \to R \Longrightarrow R$ の演繹図の例で考えてみよう.

$$\cfrac{P \vee Q \quad \cfrac{[P]^1 \quad P \to R}{R} \to \text{E} \quad \cfrac{[Q]^1 \quad Q \to R}{R} \to \text{E}}{R} \vee \text{E},\ 1$$

P と仮定しても，Q と仮定しても R という同じ結論が証明できることが示された．故に，P または Q という前提から結論 R を導き出すことができる，というのがこの演繹図の意味である.

この演繹図は次のように理解すると解かりやすいかもしれない.

> $P \to R \cdots (1)$（前提）
> $Q \to R \cdots (2)$（前提）
> $P \vee Q \cdots (3)$（前提）
> > $P \cdots (4)$と仮定すると $Q \cdots (5)$と仮定すると
> > (4), (1)より $R \cdots (6)$ (5), (2)より $R \cdots (7)$
>
> (4)の場合も(5)の場合も
> 同じ結論(6), (7)が出てくるのだから,
> (3)から $R \cdots (8)$（結論）

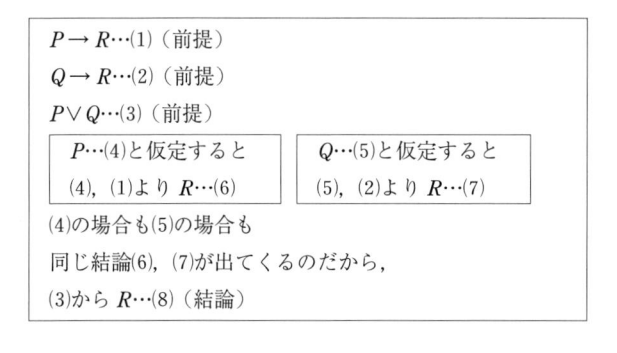

2.4.5 演繹図の作り方

演繹図を作ろうとする場合，ヒントになるのは，論理式に含まれる論理記号である。そこから，その論理式の直前，直後の推論図を推定することができる。特に，直接に証明できるとき，すなわち背理法の推論図（**RA**）を使わずに証明できる場合には，結論の一番外側の論理記号（真理表を書く場合一番最後に計算する論理記号）に注目し，その直前の推論図を推定していく方法が有効である。つまり，ある結論を証明するためにはその前に何を証明しなければならないか，というように考えて，演繹図の形を推定していくわけである。

例題 4 $P \wedge Q \to \neg R \Longrightarrow R \to (P \to \neg Q)$ の場合

結論 $R \to (P \to \neg Q)$ の一番外側の論理記号は $\to$ だから，その直前の推論図は $\to$I と推定できる。そうだとすれば，直前の論理式は $P \to \neg Q$ であり，これを証明するためには最初から与えられている前提 $P \wedge Q \to \neg R$ に加えて，R という仮定を用いていいことが分かる。すなわち，右上の図のような演繹図になるはずである。

この図の点線の部分の結論は $P \to \neg Q$ で一番外側の論理記号はやはり $\to$ だから，その直前の推論図も $\to$I だと分かる。したがって，その次の図のように，P, R, $P \wedge Q \to \neg R$ から $\neg Q$ を証明すればいいことになる。

$\neg Q$ の一番外側の論理記号は $\neg$ だから，この図の点線部分の一番最後の推論図は $\neg$I である。したがって，その直前の論理式は $\bot$（矛盾）であり，三番目の図のように，Q, P, R, $P \wedge Q \to \neg R$ からこれを証明すればいいことが分かる。

$\bot$ を導く推論図は $\neg$E であり，その直前には何らかの論理式とその否定がくることは分かるが，それがどんな論理式なのかは，ここからは推定できない。したがって今までのように下の方から推定していくのはあきらめ，前提（仮定）をどう組み合わせれば演繹図ができあがるかを考えるしかない。しかし，前提に含まれてい

る論理記号から考えて，使えそうな推論図は限られているので，少し試行錯誤をすれば，次の演繹図を完成することができる．

$$\cfrac{[R]^1 \quad \cfrac{\cfrac{\cfrac{\cfrac{[P]^2 [Q]^3}{P \wedge Q} \wedge \mathrm{I} \quad P \wedge Q \to \neg R}{\neg R} \to \mathrm{E}}{\bot} \neg \mathrm{E}}{\cfrac{\cfrac{\neg Q}{P \to \neg Q} \to \mathrm{I},\ 2}{R \to (P \to \neg Q)} \to \mathrm{I},\ 1}}{} \neg \mathrm{I},\ 3$$

例題 5　$P \to Q \wedge \neg R \Longrightarrow \neg Q \vee R \to \neg P$ の場合

前の例題 4 と同じように考えていけば，次の右側の図のようになることは推定できるはずである．

$$\cfrac{\cfrac{[\neg Q \vee R]^1 \quad P \to Q \wedge \neg R}{\vdots}}{\cfrac{\neg P}{\neg Q \vee R \to \neg P} \to \mathrm{I},\ 1} \qquad \cfrac{\cfrac{[P]^2 \quad [\neg Q \vee R]^1 \quad P \to Q \wedge \neg R}{\vdots}}{\cfrac{\cfrac{\bot}{\neg P} \neg \mathrm{I},\ 2}{\neg Q \vee R \to \neg P} 1}$$

前提（仮定）$\neg Q \vee R$ の一番外側の論理記号が $\vee$ であることに注目すれば，推論図 $\vee \mathrm{E}$ が使われることが推定できる．すなわち，$\neg Q$ の場合と R の場合の両方で $\bot$ を証明し，次の図のように最後に $\vee \mathrm{E}$ で演繹図を連結し，$\neg Q \vee R$ からの演繹図になおせばいいことが分かる（このステップは結論の側にだけ注目していたのでは発想できないので，注意が必要である）．

$$\cfrac{[\neg Q \vee R]^1 \quad \boxed{\begin{array}{c}[\neg Q]^3 [P]^2 \quad P \to Q \wedge \neg R \\ \vdots \\ \bot\end{array}} \quad \boxed{\begin{array}{c}[R]^3 [P]^2 \quad P \to Q \wedge \neg R \\ \vdots \\ \bot\end{array}}}{\cfrac{\cfrac{\bot}{\neg P} 2}{\neg Q \vee R \to \neg P} 1} \vee \mathrm{E},\ 3$$

それぞれの場合（先の図の点線部分）の証明は，仮定の可能な組み合わせを考えていけばすぐにできるはずである．完成した演繹図は次のようになる．

$$
\cfrac{[\neg Q \vee R]^1 \quad \cfrac{\cfrac{[P]^2 \quad P \to Q \wedge \neg R}{Q \wedge \neg R} \to \text{E} \quad [\neg Q]^3}{Q} \wedge \text{E} \quad [\neg Q]^3}{\cfrac{\bot}{\neg Q \vee R \to \neg P} \to \text{I}, 1} \neg \text{E} \quad \cfrac{\cfrac{[P]^2 \quad P \to Q \wedge \neg R}{Q \wedge \neg R} \to \text{E}}{\cfrac{\neg R}{\bot} \wedge \text{E}} \neg \text{E}}{\cfrac{\bot}{\neg P} \neg \text{I}, 2}
$$

2.4.6 注意の必要な推論図

⊥E は,「矛盾からはどのような結論でも引き出せる」という意味の推論図である。この推論図の典型的な使い方は次のようなものである。

$$
\cfrac{P \vee Q \quad \cfrac{\cfrac{[P]^1 \quad \neg P}{\bot} \neg \text{E}}{Q} \bot \text{E} \quad [Q]^1}{Q} \vee \text{E}, 1
$$

この演繹図で証明されている $P \vee Q, \neg P \Longrightarrow Q$ という推論の自然さに比べて,⊥E は,直観的には不自然にみえるかもしれない。しかし,仮に $A \vee B$, $\neg A \Longrightarrow B$ という次の推論図を認めると,以下のように ⊥E と実質的に同様のことが証明可能になる。⊥E の不自然さはみかけ上だけのものであり,実質的には $A \vee B$, $\neg A \Longrightarrow B$ と等価なのである。

$$
\cfrac{\cfrac{P}{P \vee Q} \vee \text{I} \quad \neg P}{Q}
$$

⊥E は,注意深く,これを使わなければ証明できない場合にだけ使うようにする必要がある推論図である。具体的には,結論からさかのぼって直前の推論図が ⊥E であると推定することは避けるべきであり,前提(仮定)から ⊥ が導かれることが分かったあとでのみこの推論図の使用の可能性を検討すべきである。

RA は,意味論との比較で考えると ¬I と対称的な推論図で,さほどの違いはないようにみえるかもしれないが,この推論図を使った演繹図は複雑なものになることが多い。RA を用いた証明を**背理法**または**帰謬法**の証明と呼ばれる(「背理法」・「帰謬法」という語は,¬I であらわされる推論も含めた広い意味で使われる場合もあるが,ここでは狭義で用いることにする)が,背理法以外の証明では前提・結論の論理式の部分論理式だけが演繹図にあらわれ得るのに対し,背理

法の証明では前提・結論の論理式の部分論理式とその否定が演繹図にあらわれ得るからである。

命題論理に限定すれば，RAを複数回使って証明できることは，RAを1回だけ使って証明できることが分かっている（ただし，複数回使っても誤りではない）。証明するときには，まずRAを使わない演繹図を作ることを試み，それが不可能だと予測できたときにのみ，この推論図を使うことを考えるべきである。

2.4.7 背理法を否定する論理——直観主義の立場

背理法を正しい証明の手段として認めないという論理学の立場が存在し，**直観主義論理**と呼ばれる（それに対し背理法を認める普通の論理を**古典論理**と呼ぶ）。NKからRAを取り除いたシステムをNJと呼ぶが，これは直観主義論理に対応する証明のシステムになる。すべての論理式が真または偽の真理値を持つことを前提にした論理（二値論理）では，RAであらわされる推論は¬Iであらわされる推論と対称であり，これを妥当な推論から排除する理由はないが，直観主義では二値論理の立場を取らないのである。

この古典論理と直観主義論理の対立は，数学の哲学における**数学的実在論**と**構成主義**という2つの考え方の対立の反映と考えることができる。数学的実在論とは，天文学者が冥王星を発見するか否かに関係なく冥王星そのものが存在しているのと同様，人間の知識とは独立に**数学的真理**というものが存在し，数学者はそれを発見するのだ，と考える立場である。それに対し構成主義とは，数学はあくまでも人間が作り出すものであり，人間の持つ数学の知識とは独立した数学的真理など実在しない，あるいは仮にそうした真理が存在するとしてもそれは現実の人間の数学とは関係ない，と考える立場である。

数学の中で，ある命題とその否定のどちらも証明できない場合がある。数学的実在論の立場では，証明できないということは単にそれを知る手段を人間が持っていないだけであり，人間の知識とは独立した数学的真理との一致・不一致によってその命題もやはり真または偽なのだと考えればいいので，肯定も否定も証明できない場合があることは二値論理を否定する理由にはならない。しかし，構成主義の立場では人間の知識とは独立した数学的真理を認めない。数

学において真といえるのはそれが証明できる場合，偽といえるのはその否定が証明できる場合だけだと考える。したがって，この立場では，肯定も否定も証明できないような数学的命題については，それが真だとする理由も偽だとする理由もないことになる。ここから，直観主義者は二値論理を否定するわけである。

現代の数学・論理学において，直観主義の立場を取る数学者は少数派であり，背理法を使わないでも証明できる場合にはその方が望ましいという考え方にその反映がみられる程度であろう。しかし，数学の哲学の視点から考えた場合には，逆に数学的実在論の擁護の方が難しい問題になる。人間の知識とは独立した数学的真理とは何なのか，そしてそれがどのようにして人間に知られ得るのか，を説明しなければならなくなるからである。

2.4.8 演繹図と証明図

- 演繹図のうち，仮定がすべて閉じた形のものを**証明図**と呼ぶ。論理式 B の証証明図とは $\Longrightarrow B$（$\Longrightarrow$ の左側の論理式の個数が 0 個）の演繹図のことである。例えば，次の図は $(P \to Q) \land (Q \to R) \to (P \to R)$ の証明図である。

$$\cfrac{\cfrac{[P]^1 \quad \cfrac{[(P \to Q) \land (Q \to R)]^2}{P \to Q} \land E}{Q} \to E \quad \cfrac{[(P \to Q) \land (Q \to R)]^2}{Q \to R} \land E}{\cfrac{\cfrac{R}{P \to R} \to I,\ 1}{(P \to Q) \land (Q \to R) \to (P \to R)} \to I,\ 2} \to E$$

- 「前提 $A_1, A_2, \ldots\ldots, A_n$ から結論 B を証明する演繹図が存在する」をあらわすメタ言語の表現として $A_1, A_2, \ldots\ldots, A_n \vdash_{NK} B$ を，「結論 A を証明する証明図が存在する」をあらわすメタ言語の表現として $\vdash_{NK} A$ を用いることにする。

- 演繹図の存在と証明図の存在の間には次の関係が成り立つ。

$$A_1, A_2, \ldots\ldots, A_n \vdash_{NK} B$$
$$\Updownarrow$$
$$\vdash_{NK} (A_1 \land A_2 \land \ldots\ldots \land A_n) \to B$$

2.4.9 NK の完全性

命題論理の NK の健全性（Soundness）と NK の完全性（Completeness）とは次のことである。

- NK で証明できる（演繹図が存在する）推論はすべて妥当である（健全性）。
- 妥当な推論はすべて NK で証明できる（完全性）。

$$A_1, \ A_2, \ \cdots\cdots, \ A_n \models B$$
$$\Updownarrow$$
$$A_1, \ A_2, \ \cdots\cdots, \ A_n \vdash_{NK} B$$

これは次のようにいいかえることもできる。

- NK で証明できる（証明図が存在する）論理式はすべてトートロジーである。
- トートロジーはすべて NK で証明できる（証明図が存在する）。

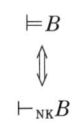

$$\models B$$
$$\Updownarrow$$
$$\vdash_{NK} B$$

完全性，健全性は，意味論で規定される妥当性と証明のシステムの中での証明可能性が外延的に一致するということであり，本来メタレベルできちんと証明しなければならないことだが，本書では結論のみの紹介に留める。

2.5 練習問題

問題1 次の論理式の真理表を書き，トートロジーであることをたしかめよ。

（1）$(P \land Q) \lor (\neg P \lor \neg Q)$

（2）$(\neg P \land \neg Q) \lor (P \lor Q)$

（3）$(P \to Q) \lor (P \land \neg Q)$

（4）$(P \to Q) \lor (Q \to P)$

問題2 真理表を用いて，次の推論が妥当であるか否かを判定せよ。

（1）$P \to Q, \ \neg Q \Longrightarrow \neg P$

（2）$P \to Q, \ \neg P \Longrightarrow \neg Q$

（3）$P \to Q \Longrightarrow \neg Q \to \neg P$

（4） $P \to Q \Longrightarrow \neg P \to \neg Q$
（5） $P \to Q, \neg P \to R \Longrightarrow Q \lor R$
（6） $P \to Q, Q \to R \Longrightarrow \neg R \to \neg P$

問題3 次の推論をNKで証明せよ（$A_1, A_2, \cdots \Longrightarrow B$ を証明するとは，$A_1, A_2, \cdots$ という仮定（前提）から B という結論への演繹図を作成することである．(*) がついている問題は背理法で証明する）．

（1） $(P \land Q) \land R \Longrightarrow P \land (Q \land R)$
（2） $P \to Q, P \to R \Longrightarrow P \to Q \land R$
（3） $P \to (Q \to R) \Longrightarrow Q \to (P \to R)$
（4） $P \to Q \Longrightarrow \neg Q \to \neg P$
（5） $\neg Q \to \neg P \Longrightarrow P \to Q (*)$
（6） $(P \to R) \lor (Q \to R) \Longrightarrow P \land Q \to R$
（7） $(P \to R) \land (Q \to R) \Longrightarrow P \lor Q \to R$
（8） $\neg (P \lor Q) \Longrightarrow \neg P \land \neg Q$
（9） $\neg P \land \neg Q \Longrightarrow \neg (P \lor Q)$
（10） $\neg P \lor \neg Q \Longrightarrow \neg (P \land Q)$
（11） $\neg (P \land Q) \Longrightarrow \neg P \lor \neg Q (*)$

問題4 次の論理式をNKで証明せよ（論理式 A を証明するとは，結論が A となる証明図（仮定がすべて閉じた演繹図）を作成することである．(*) がついている問題は背理法で証明する）．

（1） $(P \to \neg P) \to \neg P$
（2） $\neg (P \land \neg P)$
（3） $P \lor \neg P (*)$
（4） $(\neg P \to P) \to P (*)$
（5） $(P \to Q) \lor (Q \to P) (*)$

第3章 述語論理——「すべて」と「ある」の論理

3.1 述語論理の言語（記号・論理式の定義）

3.1.1 命題論理の欠点——表現能力の不足

　命題論理は，論理式の真理条件や推論の妥当性が意味論によって厳密に定義でき，またその意味論に対して完全性が成り立つような形式的証明のシステムを作ることもできる。これらは，論理の分析の道具としての命題論理の長所である。しかし，命題論理の言語で何らかの理論——知識の体系——を表現しようとすると，その欠点も明らかになる。たしかに，個々の推論を分析するときに，命題論理が使えることはある。しかし，1つの理論全体を命題論理の言語の中で表現するというようなことは，事実上不可能である。つまり，命題論理の言語は，知識の論理的表現のための言語としては，表現能力が低すぎるのである。その原因は，自然言語での単文の内部構造に相当するものが，命題論理の論理式では表現できない，というところにある。

　このことを具体例で説明してみよう。
　（1）「麻生太郎は日本人である」，
　（2）「麻生太郎はアメリカ人でない」，
　（3）「バラク・オバマはアメリカ人である」
という3つの文を命題論理の論理式で表現するにはどうしたらいいか。（1）は命題論理の結合子をつかってそれ以上分析することができないから，全体を"P"という原子論理式で表現するしかない。（2）は否定文だから，否定の記号は使えるが，そこで否定されているのは「麻生太郎はアメリカ人である」という（1）とは別の命題であり，これもまた命題論理ではそれ以上分析できない。したがって，（2）は"$\neg Q$"としか表現できない。同様に（3）もまた別の命題記号を用いて"R"というように表現するしかない。結局，命題論理では，

主語・述語の組み合わせのそれぞれに対し，別の命題記号を割り当てるしかないのである。このため，何らかの知識体系全体を命題論理の中で表現しようとすると，無数の命題記号が必要になってしまう。

さらに，（1）〜（3）の文の内容の関連性――（1）と（2）の主語が同一であること，（2）と（3）の述語が共通であること――は，対応する命題論理の論理式には全く表現されていない。

単文の内部構造に相当するものを論理式に反映できないというこの欠点から，推論の分析の道具としても命題論理は不十分なものになる。例えば，伝統的な論理学の中で妥当な三段論法の最初の型とされている次の推論は，直観的に考えても妥当な推論のはずである（A, B, Cには普通名詞が入る）。

すべてのAはB。	（前提1）
すべてのBはC。	（前提2）
故にすべてのAはC。	（結論）

この前提・結論は命題論理ではそれぞれ別の原子論理式で表現するしかない。しかし，このようにして分析するなら，この推論は妥当ではないことになってしまう。これは，自然言語の推論を分析する道具としても，命題論理が不十分なものであり，いわば網の目が粗すぎるのだということを示している。

3.1.2　述語論理の言語の基礎にある考え方

命題論理の長所はできるだけ残し，最小限の複雑化で数学の理論を表現するのに十分な程度の表現力を持つ論理学の人工言語を作ろうとしたときにできあがるのが述語論理の言語である。述語論理の言語は命題論理の言語の拡張になっており，命題論理の論理記号はすべて述語論理の論理記号でもあるが，表現能力を高めるために命題論理にはない仕組みが述語論理には含まれている。

その第1は，上述の命題論理の問題点――自然言語の単文の内部構造に相当する構造が論理式に存在しないということ――の解決のための仕組みである。

述語論理では，命題論理のように単一の命題記号で原子論理式を作るのではなく，2つの**タイプ**（品詞）の項を別々に記号化し，その組み合わせで原子論理式を構成するという方法をとる。2つのタイプとは個体を指示する機能を持つ**個体項**と，その個体について何かを述べる機能を持つ**述語**である。個体項に

第 3 章　述語論理──「すべて」と「ある」の論理　｜　43

は，自然言語の固有名に相当する**個体定項**と**個体変項**（後述）があり，述語には**一項**述語，**二項**述語，……　があるが，最初に個体定項と一項述語で原子論理式を作る場合を説明する。

　例えば，個体定項 "a" で麻生太郎を，個体定項 "b" でバラク・オバマを指示すると決め，"$P(\ )$" という述語（下線部はそこに個体項を書き入れることができる位置）で「__は日本人である」という意味を，"$Q(\ )$" という述語で「__はアメリカ人である」という意味をあらわすと決めておけば，これらを組み合わせて，3.1.1 の（1）は "$P(a)$"，（2）は "$\neg Q(a)$"，（3）は "$Q(b)$" という論理式で表現することができる。（1）〜（3）の文に含まれていた主語の共通性や述語の共通性といった情報を反映した論理式が作れるわけである。

　また，このやり方は，記号の経済性──少数の記号の組み合わせで多くの事柄を表現できるという点──でも優れている。述語論理では，100 個の個体定項と 10 個の述語を用意しておき，それらを組み合わせれば 1000 の異なる命題を表現できるが，同じことを命題論理で表現しようとしたら，この 1000 の命題のそれぞれに別の命題記号を割り当てて表現するしかないからである。

　この形式で，特定の対象がある性質を持っている／持っていないということは論理式で表現できるようになったが，これだけではまだ不十分である。2 つの個体の間の**関係**は，この形式では表現することができないからである。この関係の表現のために導入されるのが，二項述語である。二項述語というのは，その後のカッコの中に 2 つの個体項を書き込むことで 2 つの個体の間の関係を表現する原子論理式を作るための記号である。

　例えば，"$R(\ ,\ )$" という述語で「……は……より年長である」という意味をあらわすと決めておけば，これを用いて「麻生太郎はバラク・オバマより年長である」というような文は，"$R(a,b)$" という論理式であらわされる（関係がどの方向で成り立っているのか，カッコ内の個体項の位置で示される）。

　この二項述語と区別するために，前述の "$P(\ )$" や "$Q(\ )$" のような述語は一項述語と呼ばれる。同様に，3 つの個体の間の関係を表現するための三項述語，n 個（ただし n は有限）の個体の間の関係を表現するための n 項述語という形式も，述語論理の言語には存在する。

　以上のような道具立てでかなりのことが表現できることは，容易に予想でき

ると思う。表現しようとする分野の知識の中に登場する個々の物に対応する個体定項を決めておき，それらの個体が持っていたり持っていなかったりする性質に対応した一項述語，それらの個体の間の関係を表現する二項述語などを用意しておけば，「×は〇〇という性質を持っている／持っていない」，「×と△は〇〇の関係にある／ない」というようなことは，すべて述語論理の論理式で表現できるからである。

しかし，数学などの理論を完全に表現するためには，なお不足しているものがある。それは，個体定項のようにどの対象を指示するかがあらかじめ決まっているのではなく，文脈によって指示対象が決まるような表現であり，**個体変項**（変数）と呼ばれる。個体変項をあらわす記号としては，"x"，"y"，"z" などが使われる。

すべての対象について一般的に成り立つ法則（例えば数学の恒等式）を表現したり，それが何であるかを特定せずに何らかの個体の存在を述べたり（例えば「しかじかの方程式には解が存在する」）するためには，変項だけでなく，その変項の使われ方を示すための**量化子**という記号が必要になる。通常の述語論理で使われる量化子は2つ（∀と∃）だけであり，必ず変項を伴って使われ，"$\forall x_i$……"で「すべての x_i について……が成り立つ」ということをあらわし，"$\exists x_i$……"で「ある x_i について……が成り立つ」，より正確には「……が成り立つような x_i が少なくとも1つ存在する」ということをあらわす。

例えば，"$P(\ )$"という述語で「……は日本人である」という意味を，"$Q(\ )$"という述語で「……はアメリカ人である」という意味をあらわすと決めたとき，"$\forall x(P(x) \to \neg Q(x))$"という論理式は，「すべての x に関して，x がもし日本人であれば x はアメリカ人ではない」，すなわち「その人が誰であれ，その人がもし日本人ならその人はアメリカ人ではない」ということをあらわし，"$\exists x(P(x) \land Q(x))$"という論理式は，「ある x について，x は日本人でありかつ x はアメリカ人である」，すなわち「日本人でありかつアメリカ人であるような人がいる」ということをあらわす。

通常の述語論理は，正確には**一階**の述語論理と呼ばれる。「一階」というのは，変項は個体記号としてのみ使い，述語記号としては使わないということである。この通常の述語論理とは別に，それをさらに拡張したものとしての二階

の述語論理（述語変項を用い，述語についての量化も行う述語論理）などもあるが，特殊なものであり，ここでは取り扱わない。

3.1.3 述語論理の論理式の形式的定義

命題論理の場合と同様，論理学で人工言語を定義していくときの通常の仕方にしたがって，述語論理で使う記号の限定，述語論理の論理式の定義——それらの記号がどのような形で並んでいるとき，有意味で真偽を問うことができる記号列になるか——を順に定義していく。

［1］述語論理の記号

一階の述語論理の言語（first order language）では，次のような記号が使われる。

- **個体定項**（individual constant）：$a, b, c, \ldots\ldots, c_1, c_2, c_3, \ldots\ldots,$ etc.
- **個体変項**（individual variable）：$x, y, z, \ldots\ldots, x_1, x_2, \ldots\ldots$
- **述語定項**（predicate constant）：$P(\_), Q(\_, \_), \ldots\ldots, P_1(\_, \_), P_2(\_),$ $\ldots\ldots,$ etc
- **論理記号**：$\neg, \wedge, \vee, \rightarrow, \forall$（普遍量化子（universal quantifier）），$\exists$（存在量化子（existential quantifier））
- **補助記号**：(,)

これらの記号のうち，個体定項と述語定項は，表現したい内容にあわせてつけくわえられる記号と考えられる。述語論理の言語という1つの言語があると考えるより，そこで表現したい理論に応じて個体定項と述語定項をつけ加え，その理論を表現するためのいわばオーダー・メイドの言語をその都度構成するのであり，「述語論理の言語」と一般的にいう場合は，共通した形式を持つそれらの言語の総称だと考えた方がいいかもしれない。述語定項については，それを定義するときに項数も同時に定義しなければならない。

［2］論理式の定義

- P_i が n 項の述語定項で，$t_1, t_2, \ldots\ldots, t_n$ が個体定項または個体変項であるとき，$P_i(t_1, t_2, \ldots\ldots, t_n)$ は論理式である。
- A, B が論理式であれば，$(\neg A), (A \wedge B), (A \vee B), (A \rightarrow B)$ は論理式である。

- A が論理式であり，x_i が変項であるなら，$(\forall x_i A)$，$(\exists x_i A)$ は論理式である。
- 以上の規則で論理式とされるもののみが論理式である。

カッコの省略については，命題論理の場合と同様であり，量化子については $\neg$ に準ずる。つまり，カッコがなければ量化子は命題論理の否定と同様，その直後の原子論理式にのみ作用するものと解釈する。

以下で，典型的ないくつかの例について，カッコを省略した形と定義どおりすべてカッコをつけた形を対比して示す。

省略形	定義どおりの形
$\neg \exists x P(x)$	$(\neg (\exists x P(x)))$
$\exists x \neg P(x)$	$(\exists x (\neg P(x)))$
$\neg \forall x P(x)$	$(\neg (\forall x P(x)))$
$\forall x \neg P(x)$	$(\forall x (\neg P(x)))$
$\exists x \forall y R(x, y)$	$(\exists x (\forall y R(x, y)))$
$\forall y \exists x R(x, y)$	$(\forall y (\exists x R(x, y)))$
$\exists x P(x) \land \exists x Q(x)$	$((\exists x P(x)) \land (\exists x Q(x)))$
$\forall x P(x) \lor \forall x Q(x)$	$((\forall x P(x)) \lor (\forall x Q(x)))$

3 自由変項と束縛変項

論理式の全体または部分論理式に $(\forall x_i A(x_i))$，$(\exists x_i A(x_i))$ の形があらわれるとき，この $A(x_i)$ の部分をそれぞれの量化子の**作用域**と呼び，$A(x_i)$ にあらわれる変項 x_i は「その量化子に**束縛**されている」という。例えば，$\forall x(P(x) \to \exists y R(x, y))$ において，$\forall x$ の作用域は $P(x) \to \exists y R(x,y)$，$\exists y$ の作用域は $R(x,y)$ である。

何らかの量化子によって束縛されている変項を**束縛変項**（bound variable）と呼び，束縛する量化子がその論理式の中にないときその変項を**自由変項**（free variable）と呼ぶ。例えば，$\forall x P(x,y)$ において，変項 x は量化子 $\forall$ に束縛されており，したがって x は束縛変項である。それに対し，y はこの論理式において自由変項としてあらわれている。また，自由変項が1つもあらわれない論理式を**閉論理式**（sentence）という。

自由変項は，コンテキストによってそれが指示する対象が決まる表現であり，直観的には日常言語の指示語（「これ」など）に相当する。1つの論理式の中に

あらわれる同一の自由変項は同一の対象を指示するが，束縛変項の場合は必ずしもそうではない。例えば，$P(x)$ で「x は日本人である」，$Q(x)$ で「x はアメリカ人である」をあらわしているとすると，$\exists x(P(x) \wedge Q(x))$ は「日本人でありかつアメリカ人でもある人（二重国籍の人）がいる」という意味になるが，$\exists x P(x) \wedge \exists x Q(x)$ であれば，「日本人もいるし，アメリカ人もいる」という意味になり，この後者の場合の2つの x は別の人を指していてかまわない。束縛変項の場合には，同一の変項名が使われているか否かではなく，同一の量化子によって束縛されているか否かで，同一の対象を指示しているかどうかが決まる。

3.2 述語論理の意味論

3.2.1 述語論理の言語の形式的解釈

1 直観的な解釈と形式的解釈

命題論理の命題記号は，直観的には「田中さんは英語が話せる」などの真偽をいうことができる文の内容をあらわすものと考えられたが，形式的意味論（真理表）では，こうした意味づけはもはや行われず，t または f と解釈された。そして，それは，形式的意味論における「解釈」とは，論理式の真理値を確定するのに必要最小限の情報のことだからだった。

直観的な意味づけと形式的意味論における解釈のこのような隔たりは，述語論理の場合にも存在する。直観的に意味づけをする場合と，形式的な意味論における解釈で1番大きな違いが生じるのは，述語の場合である。一項述語は，直観的には性質（例えば「＿は日本人である」など）をあらわすものとして意味づけられるが，このような意味づけはこの述語を用いた論理式の真理値を決定するためには不必要であり，また不十分でもある。この理由から，形式的な意味論では，述語の解釈は意味内容ではなく，その**外延**とされる（外延とは，その述語が真になる対象の集合のことである。自然言語の場合でいえば，「素数」という普通名詞の意味内容は「1とその数自身の2個だけ約数を持つ整数」などと表現するしかないが，「素数」の外延は {2, 3, 5, 7, 11, 13, 17, 19, ……} という確定した1つの無限集合であり，これらのもとがどのような基準で選ばれているかは問わない）。

述語の外延さえ分かれば,意味内容が何であるか分からなくても,その述語があらわれる論理式の真理値は決定できるからである。

また,形式的な意味論では,最初に**議論領域 D** というものを設定する必要がある。これは,直接には $\forall$ がどの範囲の「すべて」を意味しているのか,$\exists$ がどの範囲に「存在する」ということを意味しているのかを規定するものであるが,通常,個体定項や述語の解釈もその範囲の中で行うことになっており,したがって1つの解釈を作るときに最初に決められなければならないものである。

2 述語論理の意味論を記述するためのメタ言語

述語論理の意味論では,解釈の構造や,そこから論理式の真理値を計算する方法が複雑になる。それらをできるだけ簡潔にするために,通常,集合論の記号や意味論特有の記号が用いられる。ここで,解釈の対象となる言語(対象言語)である述語論理の言語と,解釈を表現したり,論理式の真理条件を述べたりするのに用いられる言語(メタ言語)の区別を明確にしておくことが必要である。

意味論のメタ言語で使われる特有の記号のうち重要なものとしては,

$\Phi(a) = \alpha$　　　個体定項 a の解釈(指示対象)は α
$\Phi(P) = \{\cdots\cdots\}$　述語 P の解釈(外延)は $\{\cdots\cdots\}$
$\langle D, \Phi \rangle \models A$　解釈 $\langle D, \Phi \rangle$ において,論理式 A は真
$\langle D, \Phi \rangle \not\models A$　解釈 $\langle D, \Phi \rangle$ において,論理式 A は偽

などがある($\models$ は命題論理のときと同様の使い方もするが,左側に解釈をあらわす表現 $\langle D, \Phi \rangle$ を伴ってあらわれる場合には,上記のような意味で使う。それぞれの内容については後述する)。

また意味論のメタ言語で用いられる集合論の記号としては,

$a \in A$　　a は集合 A の要素である
$A \subseteq B$　集合 A は集合 B の部分集合である
$A \cup B$　集合 A と集合 B の和
$A \cap B$　集合 A と集合 B の積(共通部分)
$\emptyset$　　　空集合

などの他,順序対(ordered pair)の記号 $\langle \alpha, \beta \rangle$ がある。$\langle \alpha, \beta \rangle$ は,集合 $\{\alpha, \beta\}$ と同様,要素 α, β から構成される構造体であるが,$\{\alpha, \beta\} = \{\beta,$

第3章 述語論理——「すべて」と「ある」の論理 | 49

α となるのに対し，$\langle \alpha, \beta \rangle \neq \langle \beta, \alpha \rangle$ である．同様のものとして，$\langle \alpha, \beta, \gamma \rangle$，$\langle \alpha, \beta, \gamma, \delta \rangle$ などもある．

また，A^2 で集合 A から要素を取り出して作ることができる順序対全体の集合 $\{\langle \alpha, \beta \rangle | \alpha \in A, \beta \in A\}$ を，A^3 で $\{\langle \alpha, \beta, \gamma \rangle | \alpha \in A, \beta \in A, \gamma \in A\}$ をあらわす（例えば，$A = \{0, 1, 2\}$ なら，$A^2 = \{\langle 0, 0 \rangle, \langle 0, 1 \rangle, \langle 0, 2 \rangle, \langle 1, 0 \rangle, \langle 1, 1 \rangle, \langle 1, 2 \rangle, \langle 2, 0 \rangle, \langle 2, 1 \rangle, \langle 2, 2 \rangle\}$ である）．

3　形式的解釈の一般的形式

述語論理の言語の形式的解釈とは，次の D と Φ の対 $\langle D, \Phi \rangle$ のことである．

- D：議論領域（domain of discourse）．**空でない集合**．
- Φ：個体定項と述語記号の解釈を表現する関数であり，下の条件を満たす．

  任意の個体定項 c_i について $\Phi(c_i) \in D$

  $\Phi(c_i)$ とは，直観的には「個体定項 c_i の指示対象」のことである．

  任意の一項述語 $P_i(\_)$ について $\Phi(P_i) \subseteq D$

  $\Phi(P_i)$ とは，直観的には一項述語 $P_i(\_)$ の外延のことである．

  任意の二項述語 $Q_i(\_, \_)$ について $\Phi(Q_i) \subseteq D^2$

  $\Phi(Q_i)$ とは，直観的には二項述語 $Q_i(\_, \_)$ の外延（＝すなわちその二項述語があらわす関係を満たす対象の順序対の集合）のことである．

  任意の n 項述語 $R_i(\underbrace{\_, \cdots\cdots, \_}_{n})$ について $\Phi(R_i) \subseteq D^n$

議論領域 D と個体定項の解釈の関係に関して，以下の点を確認しておく．

- 個体定項は D の中の特定の対象を指示すると解釈される．
- 異なる2つの対象が同一の個体定項で指示されることはない．
- 2つ以上の個体定項が同一の対象を指示することはあってもかまわない．
- 対象言語の個体定項では指示できない対象が D の中に含まれていてもよい．

4　特定の述語論理の言語とその形式的解釈の例

次のような個体定項と述語記号を持つ述語論理の言語の例を考える．

- 個体定項：a, b, c, d
- 一項述語記号：$P(\_), Q(\_)$
- 二項述語記号：$R(\_, \_)$

この言語に対して，次の $\langle D_1, \Phi_1 \rangle$, $\langle D_2, \Phi_2 \rangle$, $\langle D_3, \Phi_3 \rangle$ は，それぞれ 1 つの形式的解釈である。

$\langle D_1, \Phi_1 \rangle$

- $D_1 = \{$麻生太郎, 田中真紀子, オバマ, クリントン$\}$
- $\Phi_1(a) =$ 麻生太郎, $\Phi_1(b) =$ 田中真紀子, $\Phi_1(c) =$ オバマ, $\Phi_1(d) =$ クリントン
- $\Phi_1(P) = \{$麻生太郎, 田中真紀子$\}$
- $\Phi_1(Q) = \{$麻生太郎, オバマ$\}$
- $\Phi_1(R) = \{\langle$麻生太郎, 田中真紀子$\rangle, \langle$田中真紀子, 麻生太郎$\rangle, \langle$オバマ, クリントン$\rangle, \langle$クリントン, オバマ$\rangle\}$

$\langle D_2, \Phi_2 \rangle$

- $D_2 = \{1, 2, 3, 4\}$
- $\Phi_2(a) = 1$, $\Phi_2(b) = 2$, $\Phi_2(c) = 3$, $\Phi_2(d) = 4$
- $\Phi_2(P) = \{1, 2\}$
- $\Phi_2(Q) = \{1, 3\}$
- $\Phi_2(R) = \{\langle 1, 2 \rangle, \langle 2, 1 \rangle, \langle 3, 4 \rangle, \langle 4, 3 \rangle\}$

上の $\langle D_1, \Phi_1 \rangle$ と $\langle D_2, \Phi_2 \rangle$ は，形式的には異なる 2 つの解釈であるが，$\langle D_1, \Phi_1 \rangle$ の麻生太郎を 1，田中真紀子を 2，オバマを 3，クリントンを 4 にそれぞれおきかえると $\langle D_2, \Phi_2 \rangle$ になり，またその逆もいえる。こういう場合，$\langle D_1, \Phi_1 \rangle$ と $\langle D_2, \Phi_2 \rangle$ の 2 つの解釈は**同型**（isomorphic）であるという。同型な解釈ではどんな論理式の真理値も一致するので，論理式の真理値を求めるための基礎としては，それらを区別する必要性がない。そのため形式的な意味論では，$\langle D_2, \Phi_2 \rangle$ のような自然数の集合またはその部分集合を D とする解釈で，それと同型のすべての解釈を代表させてしまうことが多い。

$\langle D_3, \Phi_3 \rangle$

- $D_3 = \{1, 2, 3, 4, 5, 6, 7, 8, \cdots\cdots\} = \{\alpha \mid \alpha$ は自然数$\}$
- $\Phi_3(a) = 1$, $\Phi_3(b) = 2$, $\Phi_3(c) = 3$, $\Phi_3(d) = 4$
- $\Phi_3(P) = \{2, 4, 6, 8, \cdots\cdots\} = \{\alpha \mid \alpha$ は偶数$\}$
- $\Phi_3(Q) = \{3, 6, 9, 12, \cdots\cdots\} = \{\alpha \mid \alpha$ は 3 の倍数$\}$
- $\Phi_3(R) = \{\langle 1, 2 \rangle, \langle 1, 3 \rangle, \langle 1, 4 \rangle, \cdots\cdots, \langle 2, 3 \rangle, \langle 2, 4 \rangle, \langle 2, 5 \rangle,$

……, $\langle 3, 4 \rangle$, $\langle 3, 5 \rangle$, ……}
　　　　$= \{\langle \alpha, \beta \rangle | \alpha < \beta\}$

$\langle D_3, \Phi_3 \rangle$ は，無限集合である自然数全体の集合を D とする解釈であり，D の中には対象言語の個体定項で指示することができない対象 (5, 6, 7, 8……) が含まれている。解釈の領域に無限個の要素が含まれるこのような解釈では，D も Φ もすべての要素を列挙することで指定することはできない。有限集合を D とする解釈の場合に比べて分かりにくくはなるが，述語論理の本来の趣旨から考えれば，このように D を無限集合とする場合の方が，通常の解釈であるともいえる。

3.2.2　閉論理式の真理条件（量化子の代入的解釈）
1　代入的解釈による論理式の真理値の定義

　ここでは，D のどの対象もいずれかの個体定項によって指示されている場合に話を限って，与えられた解釈から自由変項を含まない論理式の真理値を計算する方法について述べる。先に挙げた解釈のうち，$\langle D_1, \Phi_1 \rangle$, $\langle D_2, \Phi_2 \rangle$ は，こうした仮定が成り立つ解釈の例である（しかし，すでに述べたようにこの仮定は一般的には成り立たない）。

　今から述べるものは量化子の代入的解釈と呼ばれるもので，後述のようにいくつかの問題点はあるが，述語論理の論理式の真理値の計算法として分かりやすく，特に D が有限集合の場合には命題論理の場合と同様に具体的に真理値を計算していくことができるという長所がある。

　論理式の真偽は以下のように定義される。

（1）原子論理式の場合

・一項述語 $P_i(x_j)$ に関して，

　　$\langle D, \Phi \rangle \models P_i(c_k) \iff \Phi(c_k) \in \Phi(P_i)$

・n 項述語 $P_i(x_{j_1}, ……, x_{j_n})$ に関して，

　　$\langle D, \Phi \rangle \models P_i(c_{k_1}, ……, c_{k_n}) \iff \langle \Phi(c_{k_1}), ……, \Phi(c_{k_n}) \rangle \in \Phi(P_i)$

（2）命題論理の結合子の場合

・$\langle D, \Phi \rangle \models \neg A \iff \langle D, \Phi \rangle \not\models A$

・$\langle D, \Phi \rangle \models A \wedge B \iff \langle D, \Phi \rangle \models A$ かつ $\langle D, \Phi \rangle \models B$

- $\langle D, \Phi \rangle \vDash A \vee B \Longleftrightarrow \langle D, \Phi \rangle \vDash A$ または $\langle D, \Phi \rangle \vDash B$
- $\langle D, \Phi \rangle \vDash A \to B \Longleftrightarrow \langle D, \Phi \rangle \nvDash A$ または $\langle D, \Phi \rangle \vDash B$

（3）量化子の場合
- $\langle D, \Phi \rangle \vDash \forall x_i A(x_i)$
  $\Longleftrightarrow$ すべての個体定項 c_j について $\langle D, \Phi \rangle \vDash A(x_i/c_j)$
- $\langle D, \Phi \rangle \vDash \exists x_i A(x_i)$
  $\Longleftrightarrow$ ある個体定項 c_j について $\langle D, \Phi \rangle \vDash A(x_i/c_j)$

（$A(x_i/c_j)$ は $A(x_i)$ の自由変項 x_i をすべて個体定項 c_j におきかえた論理式をあらわす。）

代入的解釈では結局、$\forall x_i A(x_i)$ は $A(x_i)$ の x_i にすべての個体定項を代入した論理式（代入例）の連言、すなわち $A(c_1) \wedge A(c_2) \wedge A(c_3) \wedge \cdots$ として解釈され、$\exists x_i A(x_i)$ はすべての代入例の選言 $A(c_1) \vee A(c_2) \vee A(c_3) \vee \cdots$ として解釈される。D が有限集合の場合には、それらの原子論理式の数が有限になるから、命題論理の場合と同様に具体的に真理値を計算していくことができる。

以下では、量化子の代入的解釈に基づく真理値の計算の過程を樹形図で表現して、与えられた解釈のもとでの典型的な述語論理の論理式の真理値を計算してみる（この樹形図による真理値計算の表現は、D が有限集合の場合にだけ可能なものであり、論理学で一般的に使われる表現法ではない）。

2 $\forall x(P(x) \to Q(x))$ が真になる解釈と偽になる解釈の例

ここでは4個の個体定項 a, b, c, d と2個の一項述語 $P(\_), Q(\_)$ を持つ述語論理の言語を想定し、この言語に対する2つの解釈の中での $\forall x(P(x) \to Q(x))$ の真理値を計算する。

解釈1
- $D = \{0, 1, 2, 3\}$
- $\Phi_1(a) = 0, \Phi_1(b) = 1, \Phi_1(c) = 2, \Phi_1(d) = 3$
- $\Phi_1(P) = \{2, 3\}$
- $\Phi_1(Q) = \{1, 2\}$

第 3 章 述語論理——「すべて」と「ある」の論理 | 53

$\langle D,\ \Phi_1 \rangle \not\models \forall x(P(x) \to Q(x))$
- $\langle D,\ \Phi_1 \rangle \models P(a) \to Q(a)$ — $\langle D,\ \Phi_1 \rangle \not\models P(a)$ —— $\Phi_1(a) \notin \Phi_1(P)$
  - $\langle D,\ \Phi_1 \rangle \not\models Q(a)$ —— $\Phi_1(a) \notin \Phi_1(Q)$
- $\langle D,\ \Phi_1 \rangle \models P(b) \to Q(b)$ — $\langle D,\ \Phi_1 \rangle \not\models P(b)$ —— $\Phi_1(b) \notin \Phi_1(P)$
  - $\langle D,\ \Phi_1 \rangle \models Q(b)$ —— $\Phi_1(b) \in \Phi_1(Q)$
- $\langle D,\ \Phi_1 \rangle \models P(c) \to Q(c)$ — $\langle D,\ \Phi_1 \rangle \models P(c)$ —— $\Phi_1(c) \in \Phi_1(P)$
  - $\langle D,\ \Phi_1 \rangle \models Q(c)$ —— $\Phi_1(c) \in \Phi_1(Q)$
- $\langle D,\ \Phi_1 \rangle \not\models P(d) \to Q(d)$ — $\langle D,\ \Phi_1 \rangle \models P(d)$ —— $\Phi_1(d) \in \Phi_1(P)$
  - $\langle D,\ \Phi_1 \rangle \not\models Q(d)$ —— $\Phi_1(d) \notin \Phi_1(Q)$

解釈 2

- $D = \{0,\ 1,\ 2,\ 3\}$
- $\Phi_2(a) = 0,\ \Phi_2(b) = 1,\ \Phi_2(c) = 2,\ \Phi_2(d) = 3$
- $\Phi_2(P) = \{2,\ 3\}$
- $\Phi_2(Q) = \{1,\ 2,\ 3\}$

$\langle D,\ \Phi_2 \rangle \models \forall x(P(x) \to Q(x))$
- $\langle D,\ \Phi_2 \rangle \models P(a) \to Q(a)$ — $\langle D,\ \Phi_2 \rangle \not\models P(a)$ —— $\Phi_2(a) \notin \Phi_2(P)$
  - $\langle D,\ \Phi_2 \rangle \not\models Q(a)$ —— $\Phi_2(a) \notin \Phi_2(Q)$
- $\langle D,\ \Phi_2 \rangle \models P(b) \to Q(b)$ — $\langle D,\ \Phi_2 \rangle \not\models P(b)$ —— $\Phi_2(b) \notin \Phi_2(P)$
  - $\langle D,\ \Phi_2 \rangle \models Q(b)$ —— $\Phi_2(b) \in \Phi_2(Q)$
- $\langle D,\ \Phi_2 \rangle \models P(c) \to Q(c)$ — $\langle D,\ \Phi_2 \rangle \models P(c)$ —— $\Phi_2(c) \in \Phi_2(P)$
  - $\langle D,\ \Phi_2 \rangle \models Q(c)$ —— $\Phi_2(c) \in \Phi_2(Q)$
- $\langle D,\ \Phi_2 \rangle \models P(d) \to Q(d)$ — $\langle D,\ \Phi_2 \rangle \models P(d)$ —— $\Phi_2(d) \in \Phi_2(P)$
  - $\langle D,\ \Phi_2 \rangle \models Q(d)$ —— $\Phi_2(d) \in \Phi_2(Q)$

　この 2 つを比べてみれば分かるように，$\forall x(P(x) \to Q(x))$ という論理式は，解釈 1 のように $\Phi(P)$ には含まれるが $\Phi(Q)$ には含まれない要素が D の中に存在するときには偽となり，解釈 2 のようにそうした要素が存在しないときには真となる。$\Phi(P)$ にも $\Phi(Q)$ にも含まれない要素の存在や，$\Phi(P)$ には含まれないが $\Phi(Q)$ には含まれる要素の存在は，この論理式が真となる妨げにはならない。

　いいかえれば，この論理式が真となるのは $\Phi(P) \subseteq \Phi(Q)$ となる場合であり，またその場合だけだということになる。これはつまり，この論理式が自然言語の「すべての P は Q である」という文に相当する論理式であるということで

ある（ここで $A \to B$ の真理条件の定義——「A が真で B が偽となるときだけ偽，それ以外はすべて真」——が，有効に機能していることに注目して欲しい）。

3 $\exists x(P(x) \wedge Q(x))$ が真になる解釈の例

ここでは4個の個体定項 a, b, c, d と2個の一項述語 $P(\_)$, $Q(\_)$ を持つ述語論理の言語を想定し，この言語に対する次の解釈で $\exists x(P(x) \wedge Q(x))$ が真となることを計算してみる。

解釈3

- $D = \{0, 1, 2, 3\}$
- $\Phi(a) = 0$, $\Phi(b) = 1$, $\Phi(c) = 2$, $\Phi(d) = 3$
- $\Phi(P) = \{1, 2\}$
- $\Phi(Q) = \{2, 3\}$

$\langle D, \Phi \rangle \models \exists x(P(x) \wedge Q(x))$

$$
\begin{array}{l}
\langle D, \Phi \rangle \not\models P(a) \wedge Q(a) \begin{cases} \langle D, \Phi \rangle \not\models P(a) — \Phi(a) \notin \Phi(P) \\ \langle D, \Phi \rangle \not\models Q(a) — \Phi(a) \notin \Phi(Q) \end{cases} \\
\langle D, \Phi \rangle \not\models P(b) \wedge Q(b) \begin{cases} \langle D, \Phi \rangle \models P(b) — \Phi(b) \in \Phi(P) \\ \langle D, \Phi \rangle \not\models Q(b) — \Phi(b) \notin \Phi(Q) \end{cases} \\
\langle D, \Phi \rangle \models P(c) \wedge Q(c) \begin{cases} \langle D, \Phi \rangle \models P(c) — \Phi(c) \in \Phi(P) \\ \langle D, \Phi \rangle \models Q(c) — \Phi(c) \in \Phi(Q) \end{cases} \\
\langle D, \Phi \rangle \not\models P(d) \wedge Q(d) \begin{cases} \langle D, \Phi \rangle \not\models P(d) — \Phi(d) \notin \Phi(P) \\ \langle D, \Phi \rangle \models Q(d) — \Phi(d) \in \Phi(Q) \end{cases}
\end{array}
$$

この例から，$\exists x(P(x) \wedge Q(x))$ が真となるのは，$\Phi(P)$ と $\Phi(P)$ が共通の要素を持つ場合だということが分かる（確認してみたい方は，上の解釈の $\Phi(P)$ を $\{0, 1\}$ にかえて計算してみていただきたい）。

集合論の記号で表現すれば，この論理式が真となるのは $\Phi(P) \cap \Phi(Q) \neq \emptyset$ となる場合であり，またその場合だけだということになる。ここから，この論理式は自然言語の「ある P は Q である」という文に相当する論理式であるということが分かる。

4 $\forall y \exists x R(x, y)$ と $\exists x \forall y R(x, y)$

ここでは3個の個体定項 a, b, c と1個の二項述語 $R(\_, \_)$ を持つ述語論理の言語を想定し，この言語に対する次の解釈の中で $\exists x \forall y R(x,y)$ と $\forall y \exists$

$xR(x, y)$ の真理値を計算する。

解釈 4

・ $D = \{0, 1, 2\}$
・ $\Phi(a) = 0$, $\Phi(b) = 1$, $\Phi(c) = 2$
・ $\Phi(R) = \{\langle 0, 1 \rangle, \langle 1, 2 \rangle, \langle 2, 0 \rangle\}$

$\langle D, \Phi \rangle \not\models \exists x \forall y R(x, y)$
├ $\langle D, \Phi \rangle \not\models \forall y R(a, y)$ ┬ $\langle D, \Phi \rangle \not\models R(a, a)$ ── $\langle \Phi(a), \Phi(a) \rangle \notin \Phi(R)$
│ ├ $\langle D, \Phi \rangle \models R(a, b)$ ── $\langle \Phi(a), \Phi(b) \rangle \in \Phi(R)$
│ └ $\langle D, \Phi \rangle \not\models R(a, c)$ ── $\langle \Phi(a), \Phi(c) \rangle \notin \Phi(R)$
├ $\langle D, \Phi \rangle \not\models \forall y R(b, y)$ ┬ $\langle D, \Phi \rangle \not\models R(b, a)$ ── $\langle \Phi(b), \Phi(a) \rangle \notin \Phi(R)$
│ ├ $\langle D, \Phi \rangle \not\models R(b, b)$ ── $\langle \Phi(b), \Phi(b) \rangle \notin \Phi(R)$
│ └ $\langle D, \Phi \rangle \models R(b, c)$ ── $\langle \Phi(b), \Phi(c) \rangle \in \Phi(R)$
└ $\langle D, \Phi \rangle \not\models \forall y R(c, y)$ ┬ $\langle D, \Phi \rangle \models R(c, a)$ ── $\langle \Phi(c), \Phi(a) \rangle \in \Phi(R)$
  ├ $\langle D, \Phi \rangle \not\models R(c, b)$ ── $\langle \Phi(c), \Phi(b) \rangle \notin \Phi(R)$
  └ $\langle D, \Phi \rangle \not\models R(c, c)$ ── $\langle \Phi(c), \Phi(c) \rangle \notin \Phi(R)$

$\langle D, \Phi \rangle \models \forall y \exists x R(x, y)$
├ $\langle D, \Phi \rangle \models \exists x R(x, a)$ ┬ $\langle D, \Phi \rangle \not\models R(a, a)$ ── $\langle \Phi(a), \Phi(a) \rangle \notin \Phi(R)$
│ ├ $\langle D, \Phi \rangle \not\models R(b, a)$ ── $\langle \Phi(b), \Phi(a) \rangle \notin \Phi(R)$
│ └ $\langle D, \Phi \rangle \models R(c, a)$ ── $\langle \Phi(c), \Phi(a) \rangle \in \Phi(R)$
├ $\langle D, \Phi \rangle \models \exists x R(x, b)$ ┬ $\langle D, \Phi \rangle \models R(a, b)$ ── $\langle \Phi(a), \Phi(b) \rangle \in \Phi(R)$
│ ├ $\langle D, \Phi \rangle \not\models R(b, b)$ ── $\langle \Phi(b), \Phi(b) \rangle \notin \Phi(R)$
│ └ $\langle D, \Phi \rangle \not\models R(c, b)$ ── $\langle \Phi(c), \Phi(b) \rangle \notin \Phi(R)$
└ $\langle D, \Phi \rangle \models \exists x R(x, c)$ ┬ $\langle D, \Phi \rangle \not\models R(a, c)$ ── $\langle \Phi(a), \Phi(c) \rangle \notin \Phi(R)$
  ├ $\langle D, \Phi \rangle \models R(b, c)$ ── $\langle \Phi(b), \Phi(c) \rangle \in \Phi(R)$
  └ $\langle D, \Phi \rangle \not\models R(c, c)$ ── $\langle \Phi(c), \Phi(c) \rangle \notin \Phi(R)$

このように，$\exists x \forall y R(x, y)$ と $\forall y \exists x R(x, y)$ では代入の計算の順序が異なり，したがって異なる真理値を持ち得る。$R(x, y)$ が「x は y を愛している」という意味だとすると，$\exists x \forall y R(x, y)$ は「すべての人を愛してる人（博愛主義の人）が存在する」という意味に，$\forall y \exists x R(x, y)$ は「すべての人は誰かに愛されている（『誰か』はそれぞれの人で異なっていていい）」という意味になる。

5 代入的解釈の欠点

先に述べた論理式の真理条件の定義は，D 内のすべての対象がいずれかの個体定項によって指示されている，という仮定が成り立つ解釈の場合にはうまく機能し，直観的に正しい真理値を閉論理式に対して与えるが，この仮定が成り立たない場合にはうまく機能しない。

2つの個体定項 a，b と2つの一項述語 $P(\ )$，$Q(\ )$ を持つ言語に次のような解釈 $\langle D, \Phi \rangle$ を与える場合を考えてみよう。

・$D = \{$太郎，花子，ポチ$\}$
・$\Phi(a) = $ 太郎，$\Phi(b) = $ 花子
・$\Phi(P) = \{$太郎，花子$\}$
・$\Phi(Q) = \{$ポチ$\}$

この解釈において，$\exists x Q(x)$ と $\forall x P(x)$ の真理値を量化子の代入的解釈の規則にしたがって考えてみると，

$$\langle D, \Phi \rangle \not\models Q(a)$$
$$\langle D, \Phi \rangle \not\models Q(b)$$

この言語の場合個体定項は a と b の2つしかないから，すべての個体定項 c_i について $\langle D, \Phi \rangle \not\models Q(c_i)$，故に $\langle D, \Phi \rangle \not\models \exists x Q(x)$ ということになってしまう。

また同様に，

$$\langle D, \Phi \rangle \models P(a)$$
$$\langle D, \Phi \rangle \models P(b)$$

したがってすべての個体定項 c_i について $\langle D, \Phi \rangle \models P(c_i)$，故に $\langle D, \Phi \rangle \models \forall x P(x)$ ということになってしまう。

しかし，D の中には，$Q(\ )$ を満たすような対象（ポチ）があるし，$P(\ )$ を満たさない対象（ポチ）があるのだから，これはおかしい。∀ を「すべて」と解釈するとき，個体定項で指示される対象のすべて，と限定する理由はないし，∃ を「ある」と解釈するとき，個体定項で指示されるある対象，と限定する理由もないからである。

6 改良された代入的意味論

このように，解釈の領域 D の中にどの個体定項によっても指示されない対

象が存在するときには、量化子の代入的解釈は正しく機能しない。しかし、代入的意味論の枠組みを変えずに、この点を改良することは難しくない。与えられた解釈 $\langle D, \Phi \rangle$ の D にあわせて個体定項をつけ加えて言語を拡張し、D 内のすべての対象がいずれかの個体定項によって指示されているように直したあとで、この拡張された言語に対して代入的解釈を行い、その結果によってもともとの言語の論理式の真偽を定義する、という方法である。

　例えば、56 頁の解釈 $\langle D, \Phi \rangle$ であれば、c という個体定項をつけ加え、解釈関数 Φ を拡張して $\Phi(c)=$ ポチ とした上で、代入的解釈の規則を適用して計算していけばいいわけである。

　この方法で、上記のような代入的解釈の欠点は克服することができるが、解釈に応じて解釈される言語の方を変えて考えなければならないというのは望ましいことではない。また、代入的解釈では、量化子を含む論理式の真偽の決定のためには、その論理式にはあらわれない個体定項の解釈が必要になるが、理論的観点から、こうしたことはできれば避けたいことである。さらに、自由変項を含む論理式には解釈が与えられないという代入的意味論の欠点は解決されていない。

3.2.3 「充足」の概念に基づく意味論
1 「充足」の概念

　D が決められ、述語記号と個体定項の解釈が与えられても、自由変項を含む論理式の真理値は確定しない。例えば、$Q(x)$ という論理式に関しては、56 頁の解釈 $\langle D, \Phi \rangle$ から端的に真偽をいうことはできない。しかし、こうした論理式についても、「x が〇〇を指しているなら、……」という限定つきでなら、真偽の判定が可能である（「x が太郎を指しているなら $Q(x)$ は偽」、「x がポチを指しているなら $Q(x)$ は真」など）。

　「充足」というのは、これらのことを表現するために論理学で用いられる用語である。この語が直観的に用いられるときには、例えば「太郎は $Q(\_)$ を充足しない」、「ポチは $Q(\_)$ を充足する」などといったように、「対象が述語を充足する／充足しない」という使い方がされる。同様に、50 頁の解釈 $\langle D_1, \Phi_1 \rangle$ においては、「麻生は $P(\_)$ を充足する」、「オバマは $P(\_)$ を充足しない」、

「〈麻生, 田中〉は $R(\_,\_)$ を充足する」,「〈麻生, オバマ〉は $R(\_,\_)$ を充足しない」などということができる。

しかし, 論理式が複雑になり変項が複数使われているとき, このいい方では曖昧さが生じる。それを避けるため, 形式的な意味論の中で正確に表現する必要があるときには,「変項への付値 s が論理式 A を充足する」といういい方が用いられる。ここで変項への付値 s は, $\alpha_1, \cdots, \alpha_k$ を D の要素, $x_{i_1}, \cdots, x_{i_k}$ を変項とするとき, $\{\langle x_{i_1}, \alpha_1\rangle, \cdots, \langle x_{i_n}, \alpha_n\rangle\}$ とあらわされ, x_{i_n} の指示対象を α_n とする自由変項への値の割り当てを意味する。例えば $\{\langle x, 麻生\rangle, \langle y, オバマ\rangle\}$ は, x の値を麻生, y の値をオバマとする1つの付値である。そして,「s にしたがって変項に値を割り当てれば, 論理式 A は真」という意味で,「s は A を充足する」という表現が用いられるわけである。

したがって, このいい方では先の例は

- $\{\langle x, 麻生\rangle\}$ は $P(x)$ を充足する。
- $\{\langle x, オバマ\rangle\}$ は $P(x)$ を充足しない。
- $\{\langle x, 麻生\rangle, \langle y, 田中\rangle\}$ は $R(x, y)$ を充足する。
- $\{\langle x, 麻生\rangle, \langle y, オバマ\rangle\}$ は $R(x, y)$ を充足しない。

などとあらわされる。

この充足の概念を基礎にして意味論を構成すれば, 上述の代入的意味論の欠点を持たない厳密な意味論が構成できるため, これが述語論理の標準的な意味論になっている。しかし, この意味論は集合論などの知識がないと正確に理解することが難しい面があるので, ここでは概略のみを以下で述べることにする。

$\boxed{2}$ 充足の概念に基づく意味論の概略

多くの教科書などで採用されている述語論理の標準的な意味論では, 加算無限個のすべての変項に値を割り当てるいわば全関数的な付置を用いて充足の概念に基づく意味論を構成しているが, ここでは前述の代入的な解釈と標準的な意味論の橋渡しになることを意図して, ターゲットになる論理式の中にあらわれる変項のみに値を割り当てるいわば部分関数的な付値の概念を用いて意味論を構成することにする。

$\langle D, \Phi \rangle$ において, 変項への付値 $s = \{\langle x_{i_1}, \alpha_1\rangle, \langle x_{i_2}, \alpha_2\rangle, \cdots, \langle x_{i_k}, \alpha_k\rangle\}$ が論理式 $A(x_{i_1}, \cdots, x_{i_k})$ を充足するということを, $\langle\langle D, \Phi\rangle, s\rangle \models A$

$(x_{i_1}, \cdots, x_{i_k})$ という記号であらわすことにしよう。

このとき，論理式の充足は次のように定義される。

（1）原子論理式の場合

・一項述語 $P_i(t_i)$ に関して

$\langle\langle D, \Phi\rangle, s\rangle \models P_i(t_i) \iff s^{\Phi}(t_i) \in \Phi(P_i)$

$\langle\langle D, \Phi\rangle, s\rangle \not\models P_i(t_i) \iff s^{\Phi}(t_i) \notin \Phi(p_i)$

・n 項述語 $P_i(t_{i_1}, \cdots, t_{i_n})$ に関して

$\langle\langle D, \Phi\rangle, s\rangle \models P_i(t_{i_1}, \cdots, t_{i_n}) \iff \langle s^{\Phi}(t_{i_1}), \cdots, s^{\Phi}(t_{i_n})\rangle \in \Phi(P_i)$

$\langle\langle D, \Phi\rangle, s\rangle \not\models P_i(t_{i_1}, \cdots, t_{i_n}) \iff \langle s^{\Phi}(t_{i_1}), \cdots, s^{\Phi}(t_{i_n})\rangle \notin \Phi(P_i)$

ここで，$t_i, t_{i_1}, \cdots, t_{i_n}$ は任意の変項，または個体定項であり，$s^{\Phi}(t_i)$ は t_i が変項 x_j なら s がこの変項に割り当てる対象を，t_i が個体定項 c_j なら $\Phi(c_j)$ をあらわすものとする。

（2）命題論理の結合子の場合

・$\langle\langle D, \Phi\rangle, s\rangle \models \neg A \iff \langle\langle D, \Phi\rangle, s\rangle \not\models A$

$\langle\langle D, \Phi\rangle, s\rangle \not\models \neg A \iff \langle\langle D, \Phi\rangle, s\rangle \models A$

・$\langle\langle D, \Phi\rangle, s\rangle \models A \land B \iff \langle\langle D, \Phi\rangle, s\rangle \models A$ かつ $\langle\langle D, \Phi\rangle, s\rangle \models B$

$\langle\langle D, \Phi\rangle, s\rangle \not\models A \land B \iff \langle\langle D, \Phi\rangle, s\rangle \not\models A$ または $\langle\langle D, \Phi\rangle, s\rangle \not\models B$

・$\langle\langle D, \Phi\rangle, s\rangle \models A \lor B \iff \langle\langle D, \Phi\rangle, s\rangle \models A$ または $\langle\langle D, \Phi\rangle, s\rangle \models B$

$\langle\langle D, \Phi\rangle, s\rangle \not\models A \lor B \iff \langle\langle D, \Phi\rangle, s\rangle \not\models A$ かつ $\langle\langle D, \Phi\rangle, s\rangle \not\models B$

・$\langle\langle D, \Phi\rangle, s\rangle \models A \to B \iff \langle\langle D, \Phi\rangle, s\rangle \not\models A$ または $\langle\langle D, \Phi\rangle, s\rangle \models B$

$\langle\langle D, \Phi\rangle, s\rangle \not\models A \to B \iff \langle\langle D, \Phi\rangle, s\rangle \models A$ かつ $\langle\langle D, \Phi\rangle, s\rangle \not\models B$

（3）量化子の場合

・$\langle\langle D, \Phi\rangle, s\rangle \models \forall x_j A(x_{i_1}, \cdots, x_{i_n}, x_j)$

　　$\iff D$ のすべての要素 α について

　　　　$\langle\langle D, \Phi\rangle, s \cup \{\langle x_j, \alpha\rangle\}\rangle \models A(x_{i_1}, \cdots, x_{i_n}, x_j)$

・$\langle\langle D, \Phi\rangle, s\rangle \not\models \forall x_j A(x_{i_1}, \cdots, x_{i_n}, x_j)$

　　$\iff D$ のある要素 α について

　　　　$\langle\langle D, \Phi\rangle, s \cup \{\langle x_j, \alpha\rangle\}\rangle \not\models A(x_{i_1}, \cdots, x_{i_n}, x_j)$

・$\langle\langle D, \Phi\rangle, s\rangle \models \exists x_j A(x_{i_1}, \cdots, x_{i_n}, x_j)$

　　$\iff D$ のある要素 α について

$\langle\langle D, \Phi\rangle, s\cup\{\langle x_j, \alpha\rangle\}\rangle \models A(x_{i_1}, \cdots, x_{i_n}, x_j)$

・$\langle\langle D, \Phi\rangle, s\rangle \not\models \exists x_j A(x_{i_1}, \cdots, x_{i_n}, x_j)$
$\iff D$ のすべての要素 α について
$\langle\langle D, \Phi\rangle, s\cup\{\langle x_i, \alpha\rangle\}\rangle \not\models A(x_{i_1}, \cdots, x_{i_n}, x_j)$

(厳密にいえば,$A(x_{i_1}, \cdots, x_{i_n}, x_j)$ の中で x_j が束縛変項としてもあらわれる場合があり得るので,$A(x_{i_1}, \cdots, x_{i_n}, x_j)$ の自由変項 x_j を新しい変項 x_k に置き換えた論理式 $A(x_{i_1}, \cdots, x_{i_n}, x_j/x_k)$ を作り,「$\langle\langle D, \Phi\rangle, s\cup\{\langle x_k, \alpha\rangle\}\rangle \models A(x_{i_1}, \cdots, x_{i_n}, x_j/x_k)$」または「$\langle\langle D, \Phi\rangle, s\cup\{\langle x_k, \alpha\rangle\}\rangle \not\models A(x_{i_1}, \cdots, x_{i_n}, x_j/x_k)$」などと定義した方が正しいが,あまりに煩雑になるのでここでは単純化して上のようにしておく。)

この定義では,s が部分的付値であるため,A が自由変項を含む論理式の場合,$\langle\langle D, \Phi\rangle, s\rangle \models A$ と $\langle\langle D, \Phi\rangle, s\rangle \not\models A$ のどちらもいえない場合がある。しかし,s を $x_{i_1}, \cdots, x_{i_n}$ のすべてに値を割り当てる付値に限定すれば,$\langle\langle D, \Phi\rangle, s\rangle \models A(x_{i_1}, \cdots, x_{i_n})$ か $\langle\langle D, \Phi\rangle, s\rangle \not\models A(x_{i_1}, \cdots, x_{i_n})$ のどちらか一方が必ず成り立つ。また,「$\langle\langle D, \Phi\rangle, s_1\rangle \models A(x_{i_1}, \cdots, x_{i_n})$ ならば $s_1 \subseteq s_2$ となるすべての s_2 について $\langle\langle D, \Phi\rangle, s_2\rangle \models A(x_{i_1}, \cdots, x_{i_n})$」,「$\langle\langle D, \Phi\rangle, s_1\rangle \not\models A(x_{i_1}, \cdots, x_{i_n})$ ならば $s_1 \subseteq s_2$ となるすべての s_2 について $\langle\langle D, \Phi\rangle, s_2\rangle \not\models A(x_{i_1}, \cdots, x_{i_n})$」ということも成り立つ。

$\langle D, \Phi\rangle \models A(x_{i_1}, \cdots, x_{i_n})$ は,「$x_{i_1}, \cdots, x_{i_n}$ に値を割り当てるすべての付値 s について $\langle\langle D, \Phi\rangle, s\rangle \models A(x_{i_1}, \cdots, x_{i_n})$」($A$ が閉論理式の場合には,「$\langle\langle D, \Phi\rangle, \{\ \}\rangle \models A$」)あるいは「$\langle\langle D, \Phi\rangle, s\rangle \not\models A(x_{i_1}, \cdots, x_{i_n})$ となる付値 s は存在しない」と定義すればいい。

3.2.4 推論の妥当性・モデル・反証モデル

$\boxed{1}$ 妥当な推論,恒真な論理式

・述語論理における妥当な推論
$A_1, \cdots, A_n \models B \iff$ どのような解釈 $\langle D, \Phi\rangle$,変項への付値 s に関しても $\langle\langle D, \Phi\rangle, s\rangle \models A_1, \cdots, \langle\langle D, \Phi\rangle, s\rangle \models A_n$ かつ $\langle\langle D, \Phi\rangle, s\rangle \not\models B$ ということはない。

・恒真な論理式(命題論理の場合のトートロジーに相当)

$\models A \iff$ どのような解釈 $\langle D, \Phi\rangle$，変項への付値 s についても $\langle\langle D,$
 $\Phi\rangle, s\rangle \not\models A$ ということはない．

・恒真な論理式と妥当な推論の関係（命題論理の場合と同様）
 $\models (A_1 \wedge \cdots \wedge A_n) \rightarrow B \iff A_1, \cdots, A_n \models B$

閉論理式の場合，妥当な推論の定義と恒真な論理式の定義は以下のように単純化できる．

・$A_1, \cdots, A_n \models B \iff$ どのような解釈 $\langle D, \Phi\rangle$ についても $\langle D, \Phi\rangle \models A_1$, $\cdots, \langle D, \Phi\rangle \models A_n$ ならば $\langle D, \Phi\rangle \models B$

・$\models A \iff$ どのような解釈 $\langle D, \Phi\rangle$ についても $\langle D, \Phi\rangle \models A$

2 モデル，反証モデル

・論理式 A の**モデル**
 $=\langle\langle D, \Phi\rangle, s\rangle \models A$ となる解釈 $\langle D, \Phi\rangle$ と付値 s の対

・論理式 A の**反証モデル**（counter-model）
 $=\langle\langle D, \Phi\rangle, s\rangle \not\models A$ となる解釈 $\langle D, \Phi\rangle$ と付値 s の対

・論理式の集合 $S = \{A_1, A_2, A_3, \cdots\}$ のモデル
 $=$ すべての $A_i \in S$ について $\langle\langle D, \Phi\rangle, s\rangle \models A_i$ となる解釈 $\langle\langle D, \Phi\rangle$ と付値 s の対

・推論 $A_1, \cdots, A_n \Longrightarrow B$ の反証モデル
 $= \langle\langle D, \Phi\rangle, s\rangle \models A_1, \cdots, \langle\langle D, \Phi\rangle, s\rangle \models A_n$ かつ
   $\langle\langle D, \Phi\rangle, s\rangle \not\models B$ となるような解釈 $\langle D, \Phi\rangle$ と付値 s の対

これらは閉論理式に関しては以下のように単純化できる．

・論理式 A のモデル
 $= \langle D, \Phi\rangle \models A$ となる解釈 $\langle D, \Phi\rangle$

・論理式 A の反証モデル
 $= \langle D, \Phi\rangle \not\models A$ となる解釈 $\langle D, \Phi\rangle$

・論理式の集合 $S = \{A_1, A_2, A_3, \cdots\}$ のモデル
 $=$ すべての $A_i \in S$ について $\langle D, \Phi\rangle \models A_i$ となる解釈 $\langle D, \Phi\rangle$

・推論 $A_1, \cdots, A_n \Longrightarrow B$ の反証モデル
 $= \langle D, \Phi\rangle \models A_1, \cdots, \langle D, \Phi\rangle \models A_n$ かつ
   $\langle D, \Phi\rangle \not\models B$ となるような解釈 $\langle D, \Phi\rangle$

3.2.5 反証モデルを用いて推論が妥当でないことを示す例

推論が妥当でないことを示すには,その推論の反証モデルをどれか1つ挙げれば十分である。以下に,このやり方で典型的ないくつかの述語論理の推論の非妥当性の証明を挙げる。前提・結論に一項述語しかあらわれない妥当でない推論に関しては,D が有限の反証モデルを作ることができることが分かっている。

(1) $(\exists x P(x)) \wedge (\exists x Q(x)) \Longrightarrow \exists x(P(x) \wedge Q(x))$ の非妥当性

$D = \{0, 1, 2\}$

$\Phi(P) = \{0\}$

$\Phi(Q) = \{1\}$

とすると,

$\langle D, \Phi \rangle \models (\exists x P(x)) \wedge (\exists x Q(x))$

$\langle D, \Phi \rangle \not\models \exists x(P(x) \wedge Q(x))$

故に $(\exists x P(x)) \wedge (\exists x Q(x)) \not\models \exists x(P(x) \wedge Q(x))$

(2) $\forall x(P(x) \to Q(x)), \exists x(Q(x) \wedge R(x)) \Longrightarrow \exists x(P(x) \wedge R(x))$ の非妥当性

$D = \{0, 1, 2\}$

$\Phi(P) = \{0\}$

$\Phi(Q) = \{0, 1\}$

$\Phi(R) = \{1, 2\}$ とすると,

$\langle D, \Phi \rangle \models \forall x(P(x) \to Q(x))$

$\langle D, \Phi \rangle \models \exists x(Q(x) \wedge R(x))$

$\langle D, \Phi \rangle \not\models \exists x(P(x) \wedge R(x))$

故に $\forall x(P(x) \to Q(x)), \exists x(Q(x) \wedge R(x)) \not\models \exists x(P(x) \wedge R(x))$

(3) $\forall x(P(x) \vee Q(x)), \exists x P(x) \Longrightarrow \exists x \neg Q(x)$ の非妥当性

$D = \{0, 1, 2\}$

$\Phi(P) = \{0\}$

$\Phi(Q) = \{0, 1, 2\}$

とすると,

$\langle D, \Phi \rangle \models \forall x(P(x) \vee Q(x))$

$\langle D, \Phi \rangle \models \exists x P(x)$

$\langle D, \Phi \rangle \not\models \exists x \neg Q(x)$

故に $\forall x(P(x) \vee Q(x)), \exists x P(x) \not\models \exists x \neg Q(x)$

（4）$\forall x(P(x) \to Q(x)), \forall x(P(x) \to R(x)) \Longrightarrow \exists x(Q(x) \wedge R(x))$ の非妥当性

$D = \{0, 1\}$

$\Phi(P) = \{\ \}$

$\Phi(Q) = \{0\}$

$\Phi(R) = \{1\}$ とすると、

$\langle D, \Phi \rangle \models \forall x(P(x) \to Q(x))$

$\langle D, \Phi \rangle \models \forall x(P(x) \to R(x))$

$\langle D, \Phi \rangle \not\models \exists x(Q(x) \wedge R(x))$

故に $\forall x(P(x) \to Q(x)), \forall x(P(x) \to R(x)) \not\models \exists x(Q(x) \wedge R(x))$

のちに述べるように，妥当でない推論に関しては必ず反証モデルが存在するが，前提・結論に二項述語が含まれる場合，それをみつけだす機械的な計算法は存在しないことが分かっている．特に D を無限集合にしなければ反証モデルを作ることができない場合，その発見はときに大変難しい問題になる．

このことと関連して，命題論理とは異なり述語論理では，与えられた推論が妥当であるか否かを判定する有限な計算手続き（決定手続き）が存在しないことが分かっている．論理学の専門用語で表現すれば，命題論理は**決定可能**なのに対し，述語論理は**決定不能**である．

3.3 述語論理の NK

命題論理の場合と同様に述語論理においても，意味論的な方法ではなく構文論的な方法で妥当な推論を規定するための形式的証明のシステムが存在する．こうしたシステムにおける証明は，命題論理の場合よりも述語論理の場合の方が，その意義が大きい．述語論理に関しては，ある推論が**妥当でない**ことは意味論的に示せるが，**妥当である**ことは一般的には意味論では示せないからである．以下では，述語論理の形式的証明のシステムの1つである述語論理の NK

について解説する。述語論理の NK は命題論理の NK の拡張であり，「演繹図」，「証明図」，「仮定」，「仮定が閉じる」などの基本的な概念に関しては完全に同一である。

日常言語の推論の分析への応用に関しては 4.1.3 を参照していただきたい。

3.3.1 述語論理の NK の推論図

$\boxed{1}$ 命題論理の推論図

命題論理の NK の推論図はすべて述語論理の NK においても推論図として使うことができる。述語論理の NK においては，もちろん A や B の中には述語論理の論理式が入ることになる。したがって，次のようなものが述語論理の NK における命題論理の推論図の適用の例となる。

$$\frac{\forall x P(x) \quad \exists x Q(x)}{\forall x P(x) \land \exists x Q(x)} \land \mathrm{I} \qquad \frac{\forall x P(x)}{\forall x P(x) \lor \exists x Q(x)} \lor \mathrm{I}$$

しかし，A や B への論理式の代入は，厳密に考えなければならない。以下のようなものは命題論理の推論図の正しい適用ではないことに注意が必要である。

$$\frac{\exists x P(x) \quad \exists x Q(x)}{\exists x (P(x) \land Q(x))} \times \qquad \frac{\forall x P(x)}{\forall x (P(x) \lor Q(x))} \times$$

$\boxed{2}$ 述語論理の推論図 I

$\forall \mathrm{E}$ と $\exists \mathrm{I}$ は次のような推論図である。

$$\frac{\forall x_i A(x_i)}{A(x_i/t)} \forall \mathrm{E} \qquad \frac{A(x_i/t)}{\exists x_i A(x_i)} \exists \mathrm{I}$$

上の推論図の $A(x_i/t)$ は，$A(x_i)$ 中の自由変項 x_i のすべてを任意の変項または個体定項 t でおきかえた論理式をあらわす。ただし，t が変項の場合，$A(x_i/t)$ の中で t は自由変項になっていなければならない。

以下の例は，推論図 $\forall \mathrm{E}$ の正しい適用の例である。代入される t は，左の例のように個体定数 a でもいいし，真ん中の例のように変項 y でもいい。右の例のように，それは x 自身でもかまわない。

$$\frac{\forall x (P(x) \to Q(x))}{P(a) \to Q(a)} \forall \mathrm{E} \qquad \frac{\forall x (P(x) \to Q(x))}{P(y) \to Q(y)} \forall \mathrm{E} \qquad \frac{\forall x (P(x) \to Q(x))}{P(x) \to Q(x)} \forall \mathrm{E}$$

次の右の例は誤っているようにみえるかもしれないが，これは左右とも正しい適用である。代入される t として先の論理式にすでに存在している a を選ん

ではならないという制限はない。

$$\frac{\forall x R(x,\ x)}{R(a,\ a)}\ \forall E \qquad \frac{\forall x R(a,\ x)}{R(a,\ a)}\ \forall E$$

次の例は，推論は推論図 $\forall E$ の誤った適用の例である。$A(x)$ に x が複数箇所あるとき，そのすべてに同じ t が代入されなければならないからである。

$$\frac{\forall x R(x,\ x)}{R(x,\ c)}\ \times \qquad \frac{\forall x R(x,\ x)}{R(a,\ b)}\ \times$$

次の例もまた，推論図 $\forall E$ の誤った適用の例である。代入される t は $A(x/t)$ において自由変項になっていなければならないという規定があるのに，ここでは代入される y が $\exists y$ という量化子に束縛される束縛変項となってしまっているからである。

$$\frac{\forall x \exists y R(x,\ y)}{\exists y R(y,\ y)}\ \times$$

$\exists I$ の場合も全く同様であり，次の例はすべて，推論図 $\exists I$ の正しい適用である。

$$\frac{P(a) \wedge Q(a)}{\exists x (P(x) \wedge Q(x))}\ \exists I \qquad \frac{P(y) \wedge Q(y)}{\exists x (P(x) \wedge Q(x))}\ \exists I \qquad \frac{P(x) \wedge Q(x)}{\exists x (P(x) \wedge Q(x))}\ \exists I$$

$$\frac{R(c,\ c)}{\exists x R(x,\ x)}\ \exists I \qquad \frac{R(c,\ c)}{\exists x R(x,\ c)}\ \exists I$$

次の例はどれも，推論図 $\exists I$ の誤った適用である。

$$\frac{R(x,\ a)}{\exists x R(x,\ x)}\ \times \qquad \frac{R(a,\ b)}{\exists x R(x,\ x)}\ \times \qquad \frac{\forall y R(y,\ y)}{\exists x \forall y R(x,\ y)}\ \times$$

３ 述語論理の推論図Ⅱ

$\forall I$ と $\exists E$ の２つは次のような推論図である。

$$\frac{\begin{array}{c}\vdots\\ A(x_i)\end{array}}{\forall x_i A(x_i)}\ \forall I \qquad \frac{\exists x_i A(x_i) \quad \begin{array}{c}[A(x_i)]_n\\ \vdots\\ C\end{array}}{C}\ \exists E,\ n$$

制限条件：$A(x_i)$ が依存している仮定には x_i は自由変項としてはあらわれない。

制限条件：C および C が依存している $A(x_i)$ 以外の仮定には x_i は自由変項としてはあらわれない。

この２つの推論図で重要なのは，**制限条件**である。制限条件とはつまり，推論をあらわす横線の上下の論理式の形が適合しているすべての場合にこれらの推論図が使えるわけではなく，この推論図より上の部分の演繹図が一定の条件

を満たす形になっているときにのみ，これらの推論図は使うことができる，ということである。この制限条件を正確に理解することが，述語論理の NK の理解の要点だといってもいい。

次の演繹図は，推論図 $\forall$I と推論図 $\exists$E を正しく使っている演繹図の例である。

$$\cfrac{\cfrac{\forall x P(x)}{P(x)}\forall \text{E} \quad \cfrac{\forall x Q(x)}{Q(x)}\forall \text{E}}{\cfrac{P(x)\land Q(x)}{\forall x(P(x)\land Q(x))}\forall \text{I}}$$

先の演繹図の中で $P(x)\land Q(x)$ は，2 つの仮定 $\forall x P(x)$, $\forall x Q(x)$ に依存しているが，これらの仮定の中の x は束縛変項である。したがって，制限条件は守られている。

$$\cfrac{\cfrac{[P(x)\land Q(x)]^1}{P(x)}}{\cfrac{P(x)\land Q(x)\to P(x)}{\forall x(P(x)\land Q(x)\to P(x))}\forall \text{I}}\,{}^1$$

この演繹図の中では，$P(x)\land Q(x)$ という仮定に自由変項 x があらわれているが，この仮定は $\forall$I が適用される以前に閉じている。すなわち，$P(x)\land Q(x)\to P(x)$ はこの仮定に依存しておらず，制限条件は守られている。

$$\cfrac{\exists x P(x) \quad \cfrac{[P(x)]^1 \quad \cfrac{\forall x Q(x)}{Q(x)}\forall \text{E}}{\cfrac{P(x)\land Q(x)}{\exists x(P(x)\land Q(x))}\exists \text{I}}}{\exists x(P(x)\land Q(x))}\exists \text{E},\ 1$$

先の演繹図の $\exists$E において，C に当たるのは $\exists x(P(x)\land Q(x))$ であるが，ここにある x は束縛変項である。また，これは $A(x)$ に当たる $P(x)$ 以外に $\forall x Q(x)$ という仮定がまだ閉じていないが，ここにある x も束縛変項である。したがって，制限条件は守られている。

以下の例では，推論図 $\forall$I と推論図 $\exists$E を誤って使っており，演繹図になっていない。

$$\cfrac{\exists x P(x) \quad \cfrac{[P(x)]^1}{\forall x P(x)}\forall \text{I}\times}{\forall x P(x)}\exists \text{E},\ 1$$

ここでは，$P(x)$ という自由変項 x を含む仮定がまだ閉じていないのに，$\forall$I を使ってしまっており，制限条件が破られている。

第 3 章 述語論理──「すべて」と「ある」の論理 | 67

$$\cfrac{\exists xP(x) \quad \cfrac{\cfrac{[P(x)]^1 \quad [Q(x)]^2}{P(x) \wedge Q(x)} \wedge \text{I}}{\exists x(P(x) \wedge Q(x))}}{\cfrac{\exists xQ(x) \quad \exists x(P(x) \wedge Q(x))}{\exists x(P(x) \wedge Q(x))} \exists \text{E}, 2} \exists \text{E} \times, 1$$

　ここでは，最初の $\exists$E において，$A(x)$ に当たる $P(x)$ 以外に自由変項 x を含む $Q(x)$ という仮定がまだ閉じていないにもかかわらず $\exists$E が適用されており，ここで制限条件が破られている。

$$\cfrac{\exists xP(x) \quad \cfrac{[P(x)]^1 \quad \cfrac{\forall xQ(x)}{Q(x)} \forall \text{E}}{P(x) \wedge Q(x)} \wedge \text{I}}{\cfrac{P(x) \wedge Q(x)}{\forall x(P(x) \wedge Q(x))} \forall \text{I}} \exists \text{E}, 1 \times$$

　ここでは，$\exists$E の C に当たる $P(x) \wedge Q(x)$ の中に自由変項 x があらわれており，制限条件が破られている。

$$\cfrac{\cfrac{\cfrac{[P(x) \wedge Q(x)]^1}{P(x)} \wedge \text{E}}{\forall xP(x)} \forall \text{I} \times}{P(x) \wedge Q(x) \to \forall xP(x)} \to \text{I}, 1$$

　ここでは $P(x) \wedge Q(x)$ という自由変項 x があらわれる仮定がまだ閉じていないのに $\forall$I が使われており，制限条件が破られている。

　二項述語があらわれる演繹図の場合には，どの変数に関しての $\forall$I，$\exists$E なのかということに注意して，制限条件を考える必要がある。

$$\cfrac{\exists x\forall yR(x,\ y) \quad \cfrac{\cfrac{[\forall yR(x,\ y)]^1}{R(x,\ y)} \forall \text{E}}{\cfrac{\exists xR(x,\ y)}{\forall y\exists xR(x,\ y)} \forall \text{I}}}{\forall y\exists xR(x,\ y)} \exists \text{E}, 1 \qquad \cfrac{\exists x\forall yR(x,\ y) \quad \cfrac{\cfrac{[\forall yR(x,\ y)]^1}{R(x,\ y)} \forall \text{E}}{\exists xR(x,\ y)} \exists \text{I}}{\cfrac{\exists xR(x,\ y)}{\forall y\exists xR(x,\ y)} \forall \text{I}} \exists \text{E}$$

　この左の演繹図では，自由変項を含む仮定 $\forall yR(x,\ y)$ が閉じる前に $\forall$I が行われているが，この仮定に含まれる自由変項は x であり，ここでの $\forall$I は y に関するものなので，制限条件は破られていない。右の演繹図では，$\exists$E の C に当たる部分に自由変項があらわれているが，ここにあらわれる自由変項は y であり，$\exists$E は x に関するものなので，制限条件は破られていない。したがって，これらは両方とも正しい演繹図である。

3.3.2 制限条件の意味

$\forall$I と $\exists$E の制限条件は，意味論的に妥当な推論だけが NK で証明できるようにするために必須のものであり，そこを正確に理解することが述語論理の NK の理解のポイントになるので，ここではその説明を試みる。

$\forall$I は $C_1, C_2, \cdots, C_n \Longrightarrow A(x)$ の演繹図から $C_1, C_2, \cdots, C_n \Longrightarrow \forall xA(x)$ の演繹図を作り出す推論図と考えられる。このような仕方で表現すれば，AI の制限条件は，「$C_1, C_2, \cdots, C_n \Longrightarrow A(x)$ において自由変項 x は $C_1, C_2, \cdots, C_n$ にはあらわれず，$A(x)$ にしかあらわれない」といい換えることができる。

下の $\forall x(P(x) \to Q(x)) \Longrightarrow \neg Q(\boldsymbol{x}) \to \neg P(\boldsymbol{x})$ の演繹図を考えてみよう。

$$\cfrac{\cfrac{\cfrac{[P(\boldsymbol{x})]^1 \quad \cfrac{\forall x(P(x) \to Q(x))}{P(x) \to Q(x)}\forall\text{E}}{Q(\boldsymbol{x})}\to\text{E} \quad [\neg Q(\boldsymbol{x})]^2}{\cfrac{\bot}{\neg P(\boldsymbol{x})}\neg\text{I, 1}}\neg\text{E}}{\neg Q(\boldsymbol{x}) \to \neg P(\boldsymbol{x})}\to\text{I, 2}$$

この演繹図の自由変項 x に $a, b, c, \cdots$ を代入すれば，

$\forall x(P(x) \to Q(x)) \Longrightarrow \neg Q(\boldsymbol{a}) \to \neg P(\boldsymbol{a})$ の演繹図，

$\forall x(P(x) \to Q(x)) \Longrightarrow \neg Q(\boldsymbol{b}) \to \neg P(\boldsymbol{b})$ の演繹図，

$\forall x(P(x) \to Q(x)) \Longrightarrow \neg Q(\boldsymbol{c}) \to \neg P(\boldsymbol{c})$ の演繹図

……などに書きかえることができる。これはすなわち，$\forall x(P(x) \to Q(x))$ という前提から，x が何であっても，$\neg Q(x) \to \neg P(x)$ が証明できるということである。$\forall$I の制限条件は，このような場合にだけ，次のように $\forall$I の推論図をつけくわえて $\forall x(P(x) \to Q(x)) \Longrightarrow \forall x(\neg Q(x) \to \neg P(x))$ の演繹図を作ることができるようにするためのものである。

$$\cfrac{\cfrac{\cfrac{\cfrac{[P(x)]^1 \quad \cfrac{\forall x(P(x) \to Q(x))}{P(x) \to Q(x)}\forall\text{E}}{Q(x)}\to\text{E} \quad [\neg Q(x)]^2}{\cfrac{\bot}{\neg P(x)}\neg\text{I, 1}}\neg\text{E}}{\neg Q(x) \to \neg P(x)}\to\text{I, 2}}{\forall x(\neg Q(x) \to \neg P(x))}\forall\text{I}$$

$\exists$E は $A(x), B_1, B_2, \cdots, B_n \Longrightarrow C$ の演繹図から $\exists xA(x), B_1, B_2, \cdots,$

$B_n \Longrightarrow C$ の演繹図を作り出す推論図と考えられる。このような仕方で表現すれば，∃E の制限条件は，「$A(x)$, B_1, B_2, $\cdots$, $B_n \Longrightarrow C$ において自由変項 x は B_1, B_2, $\cdots$, B_n や C にはあらわれず，$A(x)$ にしかあらわれない」といいかえることができる。

次の $\neg Q(x)$, $\forall x(P(x) \to Q(x)) \Longrightarrow \exists x \neg P(x)$ の演繹図を考えてみよう。

$$\cfrac{\cfrac{\cfrac{[P(x)]^1 \quad \cfrac{\forall x(P(x) \to Q(x))}{P(x) \to Q(x)} \forall E}{Q(x)} \to E \quad \neg Q(x)}{\cfrac{\bot}{\neg P(x)} \neg I,\ 1}}{\exists x \neg P(x)} \exists I \quad \neg E$$

この演繹図の自由変項 x に a, b, c, $\cdots$ を代入すれば，

$\neg Q(a)$, $\forall x(P(x) \to Q(x)) \Longrightarrow \exists x \neg P(x)$ の演繹図，

$\neg Q(b)$, $\forall x(P(x) \to Q(x)) \Longrightarrow \exists x \neg P(x)$ の演繹図，

$\neg Q(c)$, $\forall x(P(x) \to Q(x)) \Longrightarrow \exists x \neg P(x)$ の演繹図

$\cdots\cdots$などに書きかえることができる。これはすなわち，x が何であっても $\neg Q(x)$ さえ仮定すれば，他の前提を変えることなく，同じ結論が証明できるということである。∃E の制限条件は，こういう場合にだけ，推論図 ∃E をつけくわえて，次の $\exists \neg Q(x)$, $\forall x(P(x) \to Q(x)) \Longrightarrow \exists x \neg P(x)$ の演繹図を作ることができるようにするためのものである。

$$\cfrac{\exists x \neg Q(x) \quad \cfrac{\cfrac{\cfrac{[P(x)]^1 \quad \cfrac{\forall x(P(x) \to Q(x))}{P(x) \to Q(x)} \forall E}{Q(x)} \to E \quad [\neg Q(x)]^2}{\cfrac{\bot}{\neg P(x)} \neg I,\ 1 \quad \neg E}}{\exists x \neg P(x)} \exists I}{\exists x \neg P(x)} \exists E,\ 2$$

3.3.3 無限の連言・選言としての述語論理の推論図の理解

意味論のところで述べたように，$\forall x A(x)$ は，$A(x)$ の x にすべての個体定項を代入した論理式の連言，すなわち $A(c_1) \land A(c_2) \land A(c_3) \land \cdots$ として解釈することができる。同様に $\exists x A(x)$ は，$A(c_1) \lor A(c_2) \lor A(c_3) \lor \cdots$ として解釈できる。このように理解すれば，述語論理の4つの推論図は次のような対比

で理解できる。

$$\frac{A(t)}{\exists x_i A(x_i)}\exists I \iff \frac{A(c_k)}{A(c_1)\vee A(c_2)\vee A(c_3)\vee \cdots}\vee I^*$$

$$\frac{\forall x_i A(x_i)}{A(t)}\forall E \iff \frac{A(c_1)\wedge A(c_2)\wedge A(c_3)\wedge \cdots}{A(c_k)}\wedge E^*$$

$$\frac{A(x_i)}{\forall x_i A(x_i)}\forall I \iff \frac{A(c_1)\quad A(c_2)\quad A(c_3)\quad \cdots}{A(c_1)\wedge A(c_2)\wedge A(c_3)\wedge \cdots}\wedge I^*$$

$$\cfrac{\exists x_i A(x_i)\quad \cfrac{[A(x_i)]^n}{\vdots}C}{C}\exists E,\, n \iff \cfrac{A(c_1)\vee A(c_2)\vee \cdots \quad \cfrac{[A(c_1)]^n}{\vdots}C \quad \cfrac{[A(c_2)]^n}{\vdots}C \quad \cdots}{C}\vee E^*,\, n$$

∃E だけがなぜこのような型をしているのか，∀I と ∃E にどうして制限条件がついているのか，この対比から考えると分かりやすいかもしれない。

3.3.4 述語論理の NK の演繹図の例

・$\forall x(P(x)\to Q(x)),\ \forall x(Q(x)\to R(x)) \implies \forall x(P(x)\to R(x))$

$$\cfrac{\cfrac{[P(x)]^1 \quad \cfrac{\forall x(P(x)\to Q(x))}{P(x)\to Q(x)}\forall E}{Q(x)}\to E \quad \cfrac{\forall x(Q(x)\to R(x))}{Q(x)\to R(x)}\forall E}{\cfrac{\cfrac{R(x)}{P(x)\to R(x)}\to I,\,1}{\forall x(P(x)\to R(x))}\forall I}\to E$$

・$\exists x(P(x)\wedge R(x)),\ \forall x(P(x)\to Q(x)) \implies \exists x(Q(x)\wedge R(x))$

$$\cfrac{\exists x(P(x)\wedge R(x)) \quad \cfrac{\cfrac{[P(x)\wedge R(x)]^1}{P(x)}\wedge E \quad \cfrac{\forall x(P(x)\to Q(x))}{P(x)\to Q(x)}\forall E}{\cfrac{Q(x)}{\cfrac{Q(x)\wedge R(x)}{\exists x(Q(x)\wedge R(x))}\exists I}\wedge I}\to E \quad \cfrac{[P(x)\wedge R(x)]^1}{R(x)}\wedge E}{\exists x(Q(x)\wedge R(x))}\exists E,\,1$$

3.3.5 NK の完全性

・NK の完全性 (completeness)

$A_1, \cdots, A_n \models B$ ならば $A_1, \cdots, A_n \vdash_{NK} B$

$\models A$ ならば $\vdash_{NK} A$

- NK の健全性（soundness）

  $A_1, \cdots, A_n \vdash_{NK} B$ ならば $A_1, \cdots, A_n \models B$

  $\vdash_{NK} A$ ならば $\models A$

- NK の完全性・健全性は次のようにいいかえることもできる。すべての推論 $A_1, A_2, \cdots, A_n \Longrightarrow B$ に関して，次のどちらか一方だけがかならず成り立つ。

  $A_1, A_2, \cdots, A_n \vdash_{NK} B$

  $A_1, A_2, \cdots, A_n \not\models B$

3.4 述語論理の拡張──個体関数記号の使用

以上で述べた基本的な述語論理の言語で数学の理論を表現しようとすると，通常とは少し異なる表現の仕方をせざるを得ない。数学の理論の分かりやすい表現のためには，本質的ではないところで述語論理の言語を少しだけ拡張した方が便利である。

例えば自然言語の「＿の次の数」という表現は，ある数を指示する。また「＿と＿の和」，「＿と＿の積」という表現も同様である。これらの表現に相当することを述語論理で表現するためには，個体関数記号という新しいタイプの記号を導入する必要がある。個体関数記号は $f_1(\ )$, $f_2(\ )$, $\cdots$, $g_1(\ ,\ )$, $\cdots$, などと表記される。

3.4.1 個体関数記号を用いる述語論理の論理式の定義

$\boxed{1}$ 個体項（term）の定義

- 個体定項（$c_1, c_2, \cdots$）は個体項である。
- 個体変項（$x_1, x_2, \cdots$）は個体項である。
- f_k が n 項の個体関数記号で，$t_1, t_2, \cdots, t_n$ が個体項であるなら，$f_k(t_1, \cdots, t_n)$ も個体項である。

$\boxed{2}$ 論理式の定義

通常の述語論理の論理式の定義の中の原子論理式の定義を次のものにかえる。

- P_k が n 項の述語記号で，$t_1, t_2, \cdots, t_n$ が個体項であるなら，$P_k(t_1, \cdots,$

t_n) は論理式である。

3.4.2 関数記号を含む論理式の解釈

関数記号を含む述語論理の意味論を構成するためには，解釈関数 Φ と個体項の解釈関数 s^Φ を次のように変更する必要がある。

- $f_i(\underbrace{\_, \cdots, \_}_{n})$ が n 項の個体関数記号であるとき，$\Phi(f_i) = D$ 上の n 項関数
- $s^\Phi(f_i(t_1, t_2, \cdots, t_n)) = (\Phi(f_i))(s^\Phi(t_1), s^\Phi(t_2), \cdots, s^\Phi(t_n))$

3.4.3 NK の拡張

個体関数記号を用いる述語論理の NK では，∃-I と ∀-E の規則の $A(x_i/t)$ の解釈を次のように変更しなければならない。

$A(x_i/t)$ は，$A(x_i)$ 中の自由変項 x のすべてを任意の個体項 t でおきかえた論理式をあらわす。ここで t の中にあらわれるいかなる変項も $A(x_i/t)$ の中にあらわれる量化子によって束縛されていてはならない。

3.5 数学の理論の表現の例——自然数論の公理系

一階の述語論理の中での自然数論の公理系（「**一階のペアノ数論**」と呼ばれる）は，次のような個体定項，個体関数記号，述語記号を使って表現される。

- **個体定項**：0
- **個体関数記号**：suc(_)，+(_, _)，×(_, _)
- **述語定項**：Eq(_, _)

suc(t) は，標準的な解釈では「t の次の数」を意味し，通常は t' と表記される。+(t_1, t_2) は，標準的な解釈では「t_1 と t_2 の和」を意味し，通常は $t_1 + t_2$ と表記される。×(t_1, t_2) は，標準的な解釈では「t_1 と t_2 の積」を意味し，通常は $t_1 \times t_2$ と表記される。Eq(x, y) は，標準的な解釈では「t_1 と t_2 は等しい」を意味し，通常は $t_1 = t_2$ と表記される。

公理は以下の通りである。

（1）$\forall x \forall y \forall z (x = y \to (x = z \to y = z))$

（2）$\forall x \forall y(x=y \to x'=y')$
（3）$\forall x \neg(0=x')$
（4）$\forall x \forall y(x'=y' \to x=y)$
（5）$\forall x(x+0=x)$
（6）$\forall x \forall y(x+y'=(x+y)')$
（7）$\forall x(x\times 0=0)$
（8）$\forall x \forall y(x\times y'=(x\times y)+x)$
（9）$A(0) \to (\forall x(A(x) \to A(x')) \to \forall x A(x))$

公理（1）と公理（2）は等号の性質の規定である。公理（3）は0が最初の自然数であることを，公理（4）は1つの自然数が，異なる2つの自然数aとbのどちらの次の数でもあることはあり得ないということを意味している。公理（5）と公理（6）は加法の定義，公理（7）と公理（8）は乗法の定義である。公理（9）は数学的帰納法の公理だが，$A(x)$は自由変項xがあらわれる任意の論理式なので，これは単一の公理ではなく，「公理型」と呼ばれるものである。

この公理系の**定理**は次のように定義される。

B は自然数論の定理である。
⇕
$A_1, A_2, \cdots, A_n$ が自然数論の公理であり，$A_1, A_2, \cdots, A_n \vdash B$

3.6 数学の論理の解明によって分かったこと

知識表現のための記号言語を構築し，その言語の中で数学の理論を公理系として表現し（これを「**数学の形式化**」と呼ぶ），そのことによって数学の論理を明らかにすることが，20世紀の数学的論理学の主な課題だった。3.5の自然数論の形式化はその一例であるが，この課題は自然数論だけでなく集合論やその他の数学の理論に関してもおおかたのところ成し遂げられたといっていいだろう。しかし，こうした数学の論理の解明によって何が明らかになっただろうか。この点については，有名なK・ゲーデルの「**不完全性定理**」が最も重要な成果であろうと思われるので，それについて最後に簡単に紹介しておきたい。

不完全性定理には，第一不完全性定理とその帰結である第二不完全性定理が

含まれるが，まず第一不完全性定理について述べれば，これは「**自然数論の完全な公理化は不可能である**」ということの証明である。すなわち，前述の一階のペアノ数論はもちろん，それにどのような公理をつけくわえても，その公理系が無矛盾であればその公理系の定理にはならない真な命題が必ず存在するということ（より正確にいえば，$A(0)$，$A(1)$，$A(2)$，… はすべて定理になるが，$\forall xA(x)$ は定理にはならないような $A(x)$ が必ず存在するということ）をゲーデルは証明した。同様のことは自然数論だけでなく，自然数論よりも複雑なすべての理論に関してもいえるので，第一不完全性定理は数学の形式化の限界というものを示したといえる。

　第二不完全性定理は，「**自然数論だけを前提にして，自然数論と同等またはそれ以上に複雑な理論の無矛盾性を証明することはできない**」ということの証明であるが，これについては背景の説明が必要かもしれない。命題論理の $\perp$E という推論図であらわされているように，ある理論の公理に矛盾があればすべての命題がその理論の定理となってしまう。そうした理論は端的に無意味である。数学が直観的に真偽が判定できる範囲を超え抽象的になってくるにしたがって，そうした抽象的数学の理論の公理に矛盾がないことを確認する必要が感じられるようになってきた。

　それを明確に表現したものが，「無矛盾性が直観的に明らかな自然数論だけを前提にして，より複雑・抽象的な数学の理論の無矛盾性を証明しよう」というD・ヒルベルトの**数学の無矛盾性証明の計画**である。その根底にあったのは，どんな数学の理論でもその理論における「証明」は有限な記号の列という具体的な対象であり，有限な記号の列に関しては自然数論だけを前提にして分析することが可能だ，という考え方である。

　ゲーデルの第二不完全性定理は，このヒルベルトの計画の実行不可能性を示したということになるが，これは当時の数学者たちにとって予想外の結末だった（奇妙なことにゲーデル自身は不完全性定理の論文の中で，「この論文によってヒルベルトの計画の実行不可能性が示されたわけではない」と述べているが）。不完全性定理が示したこれらの結論は，数学の哲学のみならず認識論全体に対して大きな含意を持つものであり，一般的に「知識」と「言語による知識の表現」の関係について考える際に，無視できないものであろうと思われる。

3.7 練習問題

問題1 反証モデルを作ることで，以下の推論が妥当でないことを示せ．
（1）$\forall x(P(x) \to R(x))$, $\forall x(Q(x) \to R(x)) \implies \exists x(P(x) \land Q(x))$
（2）$\forall x(P(x) \to R(x))$, $\forall x(Q(x) \to R(x)) \implies \exists x(\neg P(x) \land \neg Q(x))$
（3）$\forall x(P(x) \to Q(x))$, $\exists x(\neg P(x) \land R(x)) \implies \exists x(\neg Q(x) \land R(x))$
（4）$\forall x(P(x) \lor Q(x)) \implies (\forall x P(x)) \lor (\forall x Q(x))$

問題2 次の演繹図・証明図を作成せよ（（∗）は背理法による証明）．
（1）$\forall x \neg P(x) \implies \neg \exists x P(x)$ の演繹図
（2）$\exists x \neg P(x) \implies \neg \forall x P(x)$ の演繹図
（3）$\neg \exists x P(x) \implies \forall x \neg P(x)$ の演繹図
（4）$\neg \forall x P(x) \implies \exists x \neg P(x)$ の演繹図（∗）
（5）$\exists x P(x) \lor \exists x Q(x) \implies \exists x(P(x) \lor Q(x))$ の演繹図
（6）$\exists x(P(x) \lor Q(x)) \implies \exists x P(x) \lor \exists x Q(x)$ の演繹図
（7）$\exists x(P(x) \land \neg Q(x)) \implies \neg \forall x(P(x) \to Q(x))$ の演繹図
（8）$\forall x(P(x) \to Q(x)) \implies \neg \exists x(P(x) \land \neg Q(x))$ の演繹図
（9）$\neg \exists x(P(x) \land \neg Q(x)) \implies \forall x(P(x) \to Q(x))$ の演繹図（∗）
（10）$\neg \forall x(P(x) \to Q(x)) \implies \exists x(P(x) \land \neg Q(x))$ の演繹図（∗）
（11）$\forall x \neg P(x) \lor \exists x P(x)$ の証明図（∗）
（12）$\forall x(P(x) \to \neg \forall y \neg R(x, y)) \implies \forall x(P(x) \to \exists y R(x, y))$ の演繹図（∗）
（13）$\forall x(P(x) \to \exists y R(x, y)) \implies \forall x(P(x) \to \neg \forall y \neg R(x, y))$ の演繹図
（14）$\forall x \exists y R(x, y)$, $\forall x \forall y(R(x, y) \to R(y, x)) \implies \forall x \exists y R(y, x)$ の演繹図
（15）$\exists x \forall y R(x, y)$, $\forall x \forall y(R(x, y) \to R(y, x)) \implies \exists x \forall y R(y, x)$ の演繹図

第4章　形式論理と日常の思考

　本章では，これまでの章で勉強した形式論理のテクニックを日常の場面に応用することを学んでいく．演繹的推論を日常の文脈で考えることで，これに慣れ親しんでもらえるし，われわれが，日々の生活でいかに演繹的推論に依存しているか実感してもらえるだろう．たしかに，演繹的推論あるいは論理学が特にその本領を発揮するのは，数学などの厳密科学においてである．実際，フレーゲ（Frege）以来，数学の基礎づけを通して，論理学が大きく発展していった，という歴史的背景がある．

　しかし，論理は，数学に限らずわれわれの思考のコアなルールであり，日常的な思考を統制し，導く役割を持つ．およそ，論理は2つの役割を持っていると考えられる．1つは，演繹的推論がその典型例だが，与えられた情報から新しい情報を引き出すといった，思考を展開するという役割である．もう1つは，思考が，矛盾など間違った方向に向かわないように，思考をコントロールする役割である．この章では，この2つの側面から論理を勉強していく．

　前章と重なる部分もあるが，前章では形式的推論を厳密に学んできたのに対して，本章ではそれを日常的な場面で応用することを念頭におく．

4.1　日常の場面での演繹的推論

4.1.1　日常語の条件法の意味

　条件法は推論で重要な役割を果たす．前章では，条件法の厳密な定式化を与えたが，ここでは，条件法を日常の文脈でとらえなおしたい．ただし，あくまで真理条件的な意味は踏まえる．真理表については，2.1.5を参照してもらいたい．「AならばB」はAとBの間の条件関係をあらわすが，条件関係には以下の2つがある．

- **十分条件**：Aが成り立てば，Bも成り立つ。
- **必要条件**：Aが成り立たないと，Bも成り立たない。

われわれが普段使っている日常語の「ならば」は，十分条件を意味していることに注意すべきだ。実際，この点を踏まえず，十分条件と必要条件を混同する人が多い。それにより誤った議論が日常頻繁に生じている。また，真理関数としての条件法も，必要条件でなく，十分条件をあらわしていると考えてよい。前件が偽で，後件が真の場合，条件文を真と定めているからだ。

例えば，
- **十分条件**：患者Aに薬Bを投与すれば，Aは回復する。

といった場合，意味されているのは，薬の投与が，患者が回復するための十分条件であるということであり，必要条件は含意しない。患者Aに薬Bを投与しなくても，Aが回復するという可能性まで除外していない。例えば，患者Aに手術を行うとか，別の十分条件により，患者が回復するということもある。

一方，
- **必要条件**：患者Aに薬Bを投与しなければ，Aは回復しない。

これは，薬の投与が，患者が回復するための必要条件であるという意味で，十分条件の意味はない。患者Aに薬Bを投与するだけでは不十分で，他にも，患者の体力や他の薬Cも必要になってくることも考えられる。

条件命題については，その逆・裏・対偶という命題が存在する。これを考えることで，十分条件と必要条件の違いがより一層明確になる。

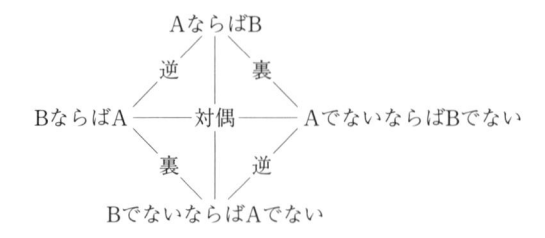

```
                AならばB
              逆       裏
       BならばA ─── 対偶 ─── AでないならばBでない
              裏       逆
                BでないならばAでない
```

このように表現することもできる。もとの条件命題は，十分条件を表明しているのに対して，裏の命題は，必要条件を表明している。一般に，もとの命題から，裏や逆の命題は導かれないし，その逆もいえない。十分条件と必要条件は論理的にも異なるのだ。これに対して，もとの命題とその対偶は同じ意味で

あり，等値である。裏の命題と逆の命題は，対偶の関係にあるから，これらも互いに等値である。つまり，どちらも必要条件を表明しているのだ。簡単な例からやってみよう。

例題 1　円高になれば，景気が後退する。
この命題の逆・裏・対偶は以下の通りである。
逆：景気が後退すれば，円高になる。
裏：円高にならないと，景気が後退しない。
対偶：景気が後退しないと，円高にならない。

問題 1　次の命題の逆・裏・対偶を示せ。
（1）正三角形は二等辺三角形である。
（2）日本人でなければ，日本国内でさまざまな差別待遇にあう。
（3）外国人は納豆を食べない。
　　ヒント：「日本人でない」の否定は，「日本人である」である。二重否定 $\neg\neg A$
　　　　ともとの命題 A は等値である。

4.1.2　十分条件と必要条件の取り違え

　すでに述べたように，多くの人が十分条件と必要条件を混同している。日常の条件文が十分条件の意味で使われていることを踏まえていないからだ。別のいい方をすれば，これは，もとの条件文をその逆や裏と同一視してしまう誤りである。誤謬推論については第 5 章でも扱うが，ここでは，このような混同からくる誤謬推論について解説する。

例題 2　女性は占いが好きである。したがって，女性でなければ占いが好きでない。
　そこで，この推論は妥当であるか。結論は前提の命題の裏になっている。よって，妥当な推論とはいえない。もとの命題は，占い好きの男性がいるという命題と矛盾しないのだ。

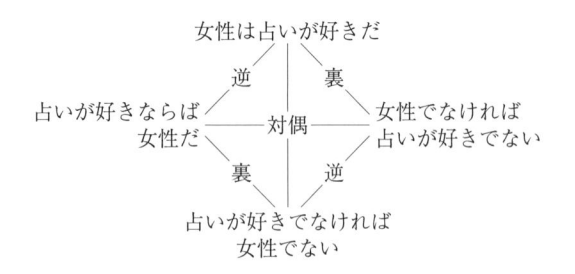

```
              女性は占いが好きだ
              逆      裏
  占いが好きならば        女性でなければ
  女性だ     対偶     占いが好きでない
              裏      逆
           占いが好きでなければ
              女性でない
```

次の2人の対話を考えてみよう。

A：（鯨など）知能を有しているものを殺してはならない。

B：それなら，（赤ん坊など）知能を有していないものは殺してよいのか。

　Bの発言はAの発言に対する反論になっているであろうか。これは，反論として説得力があるかどうか，という話ではない。Bは，Aの発言から受け容れがたい結論を導き出そうとしている。そのために，Bの発言とAの発言が等値になっている必要がある。しかし，実際，Bの発言とAの発言は等値ではない。2人の主張を記号化してみると，互いに裏の関係になっていることが分かる。

　　A：知能 → ¬殺

　　B：¬知能 → 殺

　また，このような場合，Aの発言から，Bの結論は必ずしも導かれないのだ。実際，Aは知能を有していないものについては何も述べていない。

例題3　次の主張は論理的に誤っている。1〜5のうち，それと同じ論理的誤りをしているものを1つ選びなさい。

　　ある薬に成分Aが含まれているなら病気Bには効き目がありません。その薬は病気Bには効き目がありません。それ故それには成分Aが含まれています。

　　1．人は結婚すれば幸せになれるといわれています。私は結婚しないので，幸せになれません。

　　2．台風警報は発令されていなければ，学校は休みではありません。台風警報が発令されているので，学校は休みです。

3．天気がよくなければ洗濯物は乾きません。洗濯物が乾けば，天気がよいです。
4．人は子どもであれば1人では暮らせません。一郎君は子どもではありません。それ故，一郎君は1人で暮らせます。
5．太郎さんが犯人なら犯行時刻にアリバイが無いはずです。彼には，アリバイがありません。それ故彼が犯人です。

(日弁連2007年実施法科大学院適性試験第1部問題2を改題)

主張からみていこう。この推論は，もとの命題とその逆を同一視することからくる誤りである。したがって，これと同じ誤りを犯している選択肢を探せばよい。1と2も，誤りの推論であるが，もとの命題とその裏を同一視することからくる誤りで，主張の誤りとは異なる（$\neg A \to \neg B$ に対しては，$A \to B$ がその裏の命題になる。逆・裏・対偶は対称的な関係である）。3はもとの命題の対偶なので，これはそもそも正しい推論である。4も，後件が否定されているので分かりにくいが，これももとの命題とその裏を同一視することからくる誤りである。残りの5がもとの主張と同じ誤りである。

問題2 逆・裏・対偶に関して，以下の推論はどのような誤りを犯しているか。
（1）コーヒーを飲むと眠れなくなる。したがって，コーヒーを飲まなければ眠れるはずだ。
（2）ヒンドゥー教徒であればAさんは牛肉を食べない。Aさんが牛肉を食べなかったということはAさんはヒンドゥー教徒である。
（3）Aに薬Bを投与しなければ，Aは助からない。Bを投与したから，Aは助かるだろう。

4.1.3 日常語の推論の正当性の判定

日常の場面では，演繹的推論を避けて通ることはできない。演繹的推論の特徴はその形式性にあるが，実際の使用においては，具体的な文章の形で出てくる。与えられた推論の妥当性をみるために，その形式だけを的確に抽出するのが望ましい。まずは例題からやってみよう。命題論理の推論については，2.3, 2.4, 述語論理の推論については，3.3をもう一度参照してもらいたい。

例題 4　以下の推論が正しいかどうか，たしかめよ．

　　　　①円安になり，株価が上昇すれば，景気が回復する．②株価は上昇した．しかし，③景気は回復していない．したがって，④円安になっていない．

　推論を記号化する．まず，異なる単文を異なる命題記号でおきかえる．「円安になる」を P，「株価が上昇する」を Q，「景気が回復する」を R とおく．次に，接続詞や否定語（例題 4 の下線部）を，相当する論理結合子におきかえる．その際，論理結合子の作用域に注意する．例えば，①の文章は，$P \wedge (Q \to R)$ ではなく，$(P \wedge Q) \to R$ と記号化すべきである．連言が条件部になっていると考える方が自然だからである．つまり，この文章は，円安と株価の上昇の 2 つが成り立つときにはじめて景気が回復すると読めるのである．接続詞を考えるときには，その係り方まで見抜く必要がある．それを括弧に反映させるのだ．同じように，①②③④は以下のように記号化される．

$P \wedge Q \to R$

Q

$\neg R$

$\neg P$

　$(P \wedge Q \to R) \wedge Q \wedge \neg R \to \neg P$ が恒真かどうかたしかめればよい．真理表は各自で作成し，実際，上式が恒真になることをたしかめてほしい．もちろん，推論が正しいと思えば，自然演繹で，仮定①②③から結論④を導けばよい．

例題 5　以下の推論が正しいかどうか，たしかめよ．

　　　　①宝くじを買えば，金持ちになれる．しかし，②宝くじを買わなかった．したがって，③金持ちになれない．

「宝くじを買う」，「金持ちになれる」をそれぞれ P, Q とおく．①②③の記号化は以下の通りである．

① $P \to Q$

② $\neg P$

③ $\neg Q$

　対応する論理式は，$(P \to Q) \wedge \neg P \to \neg Q$ となる．しかし，この式は恒真にならない．したがって，この推論は誤りである．実際，宝くじを買わなくても，他の

手段で金持ちになれる。例えば，遺産を相続するとか，株で儲けるとかいったことである。これは4.1.2で解説した十分条件と必要条件の取り違えからくる誤りである。宝くじを買うことは金持ちになることの十分条件であるが，必要条件ではない。金持ちになるために宝くじを買う必要はないのである。

例題6 以下の推論が正しいかどうか，たしかめよ。

患者Aが助かる<u>ためには</u>，手術を行<u>い</u>，薬Bを投与し続けることが<u>必要だ</u>。しかし，<u>体力がないので</u>，手術を行うことができ<u>ない</u>。したがって，患者Aは助から<u>ない</u>。

「患者Aが助かる」をP，「手術を行う」をQ，「薬Bを投与し続ける」をRと置く（二重線部分は翻訳する必要はない）。ここで，「必要だ」をどのように翻訳すべきか。「手術を行い，薬Bを投与し続けること」が「患者Aが助かる」ための必要条件であると理解できるから，条件文であらわすと，

$P \to Q \land R$

となる。すると，全体の推論は，

$P \to Q \land R$
$\neg Q$
$\neg P$

と表現できる。これに対応する式 $(P \to Q \land R) \land \neg Q \to \neg P$ が恒真であることをたしかめればよい。実際，この式は恒真であるから，もとの推論も妥当である。もちろん，推論が正しいことが，直観で確信できたら，自然演繹を使って，仮定から結論が証明できることを示してもよい。

今度は述語論理の推論を扱ってみよう。述語論理の場合は，命題論理のときと全く事情が異なる。命題論理は決定可能である。つまり与えられた推論について，それを式に変換したものがどんなに長く，複雑になろうとも，その真理表さえ書けば，それが恒真かどうか，すなわち，もとの推論が妥当かどうか，かならず有限のステップで検証可能である。

しかし，述語論理は基本的に決定不可能なので，与えられた論理式が妥当であるかどうか決定するための機械的な手続きは一般には存在しない。推論が正

しいと思えば，その証明図を自然演繹によって与えてやることになるし，そうでないと思えば，その推論の反例モデルを構成することになる。どちらにしても，推論の正しさについては，最終的には自身の直観に頼るしかない。

例題7 以下の推論が正しいかどうか，たしかめよ。

①結婚していれば，男性はみな税金の一部が免除される。②男性のA君はB子さんと結婚している。したがって，③A君は税金の一部が免除される。

x と y は結婚しているを $M(x, y)$，x は男性であるを $D(x)$，x は税金の一部が免除されるを $T(x)$ とおく。A君，B子さんといった固有名詞はそれぞれ個体定項 a, b でおきかえる。すると，①②③の文はそれぞれ，

① $\forall x(\exists y M(x, y) \wedge D(x) \to T(x))$
② $M(a, b) \wedge D(a)$
③ $T(a)$

となる。実際，この推論は正しい。

例題8 以下の推論が正しいかどうか，たしかめよ。

①日本人以外は納豆を食べないし，アメリカ人以外はワニ肉を食べない。②a君は日本人でもないし，アメリカ人でもない。よって，③a君は納豆を食べないし，ワニ肉も食べない。

x は日本人である，x はアメリカ人である，x は納豆を食べる，x はワニ肉を食べるを，それぞれ $J(x), A(x), N(x), C(x)$ と置く。a君は a と置く。「日本人以外は納豆を食べない」は「日本人でなければ納豆を食べない」と同じ意味である。そのまま記号化してもよいし，その対偶をとって，「納豆を食べるなら日本人である」を記号化しても構わない（もちろん，「日本人以外は納豆を食べない」は「日本人だけが納豆を食べる」と同じ意味である）。すると，①②③の記号化は以下のようになる。

① $\forall x(N(x) \to J(x)) \wedge \forall x(C(x) \to A(x))$
② $\neg J(a) \wedge \neg A(a)$
③ $\neg N(a) \wedge \neg C(a)$

実際，この推論は正しい．

問題3 以下の推論が正しいかどうか，たしかめよ．

（1）①少子化が進めば，労働人口が減少する．②労働人口が減少すれば，生産性が低下する．したがって，③少子化が進めば，生産性が低下する．

　　ヒント：「少子化が進む」，「労働人口が減少する」，「生産性が低下する」をそれぞれ P, Q, R とおく．

（2）①もし a 君が L 社の株を買えば a 君は破産する．しかし，②a 君は L 社の株を買わない．したがって，③a 君は破産しない．

　　ヒント：「a 君が L 社の株を買う」，「a 君は破産する」をそれぞれ P, Q とおく．

（3）①T 駅に行くためには，T モノレールと K 線だけが利用できる．いま，②T モノレールが利用できない．したがって，③K 線も利用できなければ，T 駅には行けない．しかし，K 線が利用できれば，T 駅に行ける．

　　ヒント：「T 駅に行く」，「T モノレールが利用できる」，「K 線が利用できる」をそれぞれ P, Q, R とおく．①の文をどのように記号化すればよいか．

（4）①もし明日晴れて，人数が確保されていれば，明日野球の試合をする．②天気予報が正しければ，明日晴れる．③人数が確保されている．したがって，④もし天気予報が正しければ，明日野球の試合をする．

　　ヒント：「明日晴れる」を P，「人数が確保されている」を Q，「明日野球の試合をする」を R，「天気予報が正しい」を S とおく．真理表を使う方法だと，16 通りの真偽の組み合わせを考える必要がある．もちろん，もし推論が正しいと思えば，自然演繹を使って①②③の仮定から④の結論を証明してみせてもよい．

（5）すべてのアメリカ人はハンバーガーを食べる．
　　　ハンバーガーを食べる者は納豆を食べない．
　　　納豆を食べる者はアメリカ人ではない．

　　ヒント：x はアメリカ人を $A(x)$，x はハンバーガーを食べるを $H(x)$，x は納豆を食べるを $N(x)$ とおく．

（6）すべての鳥には羽がある．
　　　飛べない鳥が存在する．

羽があるのに飛べないものが存在する。

ヒント：x は鳥であるを $B(x)$, x は羽があるを $F(x)$, x は飛べるを $T(x)$ とおく。

4.2 推論を使った問題解決法

ここでは，推論を使って問題の解を導く方法について解説する。与えられた仮定から，所与の結論が導かれるかどうかを検証することが推論の主な役割である。しかし，推論の役割はこれに尽きない。問題の解があらかじめ分かっていない場合，推論によってそれを導くこともできる。数学ではよく使われる手段であるが，実は日常的な場面でも有効である。

4.2.1 選言と場合分け

ここで，選言の基本的な意味について確認しておこう。「A あるいは B」は，A か B のどちらかが正しいことを主張する。この選言の意味に基づいて推論が行われる。選言が前提あるいは仮定として使われるケースである。すでに，選言 A あるいは B が正しいということが知られている場合，A からも B からも C が証明されたとき，C そのものが証明されるとする論法である。自然演繹では，選言の除去規則に相当すると考えてよい。

例題 9 S 県で殺人事件が発生した。それについて以下の情報が警察に寄せられた。

①A，B，C の誰かが犯人である。
②A が犯人なら B も犯人である。
③B が犯人なら C も犯人である。

ここから確実に犯人といえる者は誰か。

命題の記号化であるが，A(B, C) が犯人であるをそれぞれ，A(B, C) とおく。①②③は，それぞれ，$A \vee B \vee C$, $A \to B$, $B \to C$, となる。この 3 つの仮定から，確実に演繹できる命題は A，B，C のうちどれかをたしかめればよい。まず，真理表を使う方法から説明してみよう。

A	B	C	$A\vee B$	$A\vee B\vee C$	$A\to B$	$B\to C$
t	t	t	t	t	t	t
t	t	f	t	t	t	f
t	f	t	t	t	f	t
t	f	f	t	t	f	t
f	t	t	t	t	t	t
f	t	f	t	t	t	f
f	f	t	f	t	t	t
f	f	f	f	f	t	t

$(A\vee B\vee C)\wedge (A\to B)$	$(A\vee B\vee C)\wedge (A\to B)\wedge (B\to C)$
t	t
t	f
f	f
f	f
t	t
t	f
t	t
f	f

　この最後の論理式 $(A\vee B\vee C)\wedge (A\to B)\wedge (B\to C)$（すなわち，これが推論の仮定となっており，$\varPhi$ とおく）の真理値と，最初の A, B, C の真理値を比べてみよう。A, B, C のうち，$\varPhi$ が真になっているすべての段で，やはり真になっているものが答えである。そうすると，表より，それが C であることが分かる。よって，C は確実に犯人であるといえる。

　あるいは，日常の推論に近い自然演繹を使って解くこともできる。ここで本質的なのは，選言の除去規則，いわゆる場合分け証明である。ただし，この方法は，あらかじめ答えが分かっていて，その答えを検証するときに有効であるかもしれない。答えが分からなければ，真理表を使って解けばよい。解になっているかどうか，真理表が機械的な判定基準を与える。もちろん，述語論理の決定不可能性により，こ

れが可能なのは命題論理の範囲までである。

問題 4　C 県で殺人事件が発生した。それについて以下の情報が警察に寄せられた。
　①A，B，C，D の誰かが犯人である。
　②A が犯人なら B か C のいずれかが犯人である。
　③C が犯人なら B も犯人である。
　④D が犯人なら A も犯人である。
　ここから確実に犯人といえる者は誰か。

4.2.2　否定を使った問題解決法

ここでもう一度 2.1.5 の否定の真理条件を確認しておこう。この真理条件に基づき，否定に関する代表的な恒真式には以下の 2 つがある。
- **排中律**：すべての文について，それかその否定のどちらかが真である。
$$A \vee \neg A$$
- **矛盾律**：その文とその否定の両方が真になることはない。
$$\neg(A \wedge \neg A)$$

排中律により，どのような文も真か偽のどちらかに分類される。これを補完性と呼ぶ。また，真と偽両方にまたがって分類されることはない。これを背反性と呼ぶ。これらを合わせると否定の意味になる。以下，この否定の意味に基づく推論を解説する。公務員試験の判断推理でも必出の，うそつき問題を取り上げる。

例題 10　A，B，C，D，E の 5 人が，誰が宝くじを当てたかについて話し合いをしている。このうち，本当のことをいっているのは 2 人で，3 人が嘘をついているという。
　　A「B が宝くじを当てた。」
　　B「僕は当てていない。」
　　C「E が宝くじを当てた。」
　　D「A は嘘をついている。」
　　E「C は嘘をついている。」

宝くじを当てたのは誰か。

解説に入ろう。ここで肝心なのは，互いに否定しあうペアをみつけることである。今の場合は，A―B，A―D，E―C のペアが互いに否定しあう主張をしている。そこで，背反性と補完性により，{A} と {B, D} の組，{E} と {C} の組に分けられ，どちらか一方が真で，もう一方が偽であることになる。そこで，E と C に関して，場合分けをしてみる。

（1）E が {B, D} の組に入る。→ C が {A} の組に入る。
（2）C が {B, D} の組に入る。→ E が {A} の組に入る。

いずれの場合にも，A は 2 人の組に入る。すなわち，A は本当のことをいっているわけだ。A の主張が正しいから，B が宝くじを買ったことになる。正解 B。

問題 5 A, B, C, D, E の 5 人が，誰が宝くじを当てたかについて話し合いをしている。宝くじに当たったのは 1 人である。本当のことをいっているのは，2 人である。

　　　　A「C が宝くじを当てた。」
　　　　B「D は本当のことをいっている。」
　　　　C「E が宝くじを当てた。」
　　　　D「A は嘘をついている。」
　　　　E「C は嘘をついている。」

宝くじを当てたのは誰か。

4.3　論理的矛盾――帰謬法

4.3.1　論理的矛盾

論理的矛盾については，2.3.3 でその形式的定義を与えた。それを日常語であらわすと，以下のようになる。

・**矛盾**：A と $\neg A$ を同時に主張する。

しかし，論理的矛盾はあからさまにこのような形で出現するとは限らない。例えば，$\{A, A \to B, B \to C, A \to \neg C\}$ といった一連の主張は，直ちには矛盾することには気づかないが，論理的矛盾を生じる。このように，字面だけ

みれば，矛盾しない文章でも，内容を吟味してみれば実は矛盾しているということはよくある．特に，形式化された文章ではなく，日常語で書かれた文章ではそのようなことが頻発する．例えば，「その犬は全身が白であるが，黒い部分もある」といったような文は，矛盾していると理解されるべきである．白であるということは黒でないということを，また黒であるということは白でないということを，それぞれ含意するからだ．ただし，日常語の意味に依存し，純粋に形式論理上の矛盾ではない．

一方で，「すべての人間はエゴイストである」と「すべての人間はエゴイストでない」は一見すると矛盾しているようだが，形式論理の観点からすれば矛盾しない．というのは，人間が存在しないような世界，あるいはモデルを想定すれば，2つの文は両方真になるからだ．もちろん，常識では，人間が存在するというのは当然のこととされているから，矛盾であるとみなされるのである．

例題11 以下の文章から矛盾を導き出せ．

タバコを値上げすれば，税収増が期待できる．一方で，タバコを値上げすれば，喫煙率が低下する．喫煙率が低下すれば，タバコの売り上げが落ちる．タバコの売り上げが落ちれば，税収増が期待できない．タバコが値上げされる．

自然演繹を使って矛盾を導き出してみる．タバコを値上げするを P, 税収増が期待できるを Q, 喫煙率が低下するを R, タバコの売り上げが落ちるを S, とおく．証明図は以下の通りである．

$$\cfrac{\cfrac{P \quad P \to Q}{Q} \to E \quad \cfrac{\cfrac{\cfrac{P \quad P \to R}{R} \to E \quad R \to S}{S} \to E \quad S \to \neg Q}{\neg Q} \to E}{\bot} \neg E$$

例題12 以下の文章から矛盾を導き出せ．

この本を読めば，誰でも賢くなれる．しかし，賢い人はこの本を読まない（その必要がないからだ）．松の下君はこの本を読んだ．

推論に直接関係する文だけ翻訳すればよい．この点については，4.5.2を参照せよ．この本を a, 松の下君を b, x は賢いを $C(x)$, x は y を読むを $R(x, y)$ とお

く。すると，これらの文は，それぞれ，$\forall x(R(x, a) \rightarrow C(x))$，$\forall x(C(x) \rightarrow \neg R(x, a))$，$R(b, a)$ となる。証明図は以下の通りである。

$$\cfrac{R(b, a) \quad \cfrac{\cfrac{\forall x(R(x, a) \rightarrow C(x))}{R(b, a) \rightarrow C(b)} \forall E \quad \cfrac{\forall x(C(x) \rightarrow \neg R(x, a))}{C(b) \rightarrow \neg R(b, a)} \forall E}{C(b)} \rightarrow E \quad \cfrac{}{} \neg R(b, a)}{\bot} \neg E$$

矛盾が生じたが，何がまずかったのか？

問題6 以下の文章から矛盾を導き出せ。

　A君は自分自身のことを好きでない人はみな好きであるし，逆に自分自身のことが好きである人は誰も好きではない。つまり，A君は自分自身のことを好きでないような謙虚な人が好きだし，逆に，ナルシストは好きではないのだ。

　　ヒント：A君は自分自身のことを好きであるか，それとも好きでないか？
　　　　　cf. ラッセル・パラドックス。

4.3.2　帰謬法

　4.3.1でみたように，会話や文章において，矛盾は混乱をあらわしていて，一般に好ましくないと考えられるが，この矛盾を利用して推論する方法がある。具体的には以下の通りである。与えられた主張の集合から矛盾が生じたということは，それらの主張の少なくとも1つは誤りであるということだ。つまり，その主張の否定が証明できるということだ。また，誤りであるとされた主張が否定の形であれば，その否定をとった形の主張が正しいということになる。このように，与えられた命題（といくつかの他の命題）から矛盾を導き出し，その命題の反対命題を証明する方法を帰謬法という。2.4でみたように，自然演繹には，Aから矛盾を導いて，$\neg A$を結論づける $\neg$ の導入規則と，逆に $\neg A$ から矛盾を導いて，Aを結論づける **RA**（帰謬法）という規則がある。

例題12　今，A氏は殺人事件の容疑者として警察に拘留されている。A氏の弁護士であるL氏は，独自の調査で以下の諸事実を突き止めた。

　　　　①A氏が犯人であるとすると，B氏も犯人である。

②B氏が犯人であれば，C氏かD氏も犯人である。
③C氏は犯人でない。
④D氏が犯人であれば，E氏が犯人である。
⑤E氏が犯人であれば，B氏は犯人ではない。
以上の事実からA氏の無実を証明せよ。

解説に入ろう。まず文章をそれぞれ記号化してみよう。

ϕ が犯人であるを，それぞれ ϕ とおく。例えば，A が犯人であるは，A となる。そこで①〜⑤の命題は，

① $A \to B$, ② $B \to C \vee D$, ③ $\neg C$, ④ $D \to E$, ⑤ $E \to \neg B$

A が犯人でないことを $\neg$ の導入規則で導く。そのためにまず，A が犯人であると仮定する。

$$\cfrac{\cfrac{\cfrac{[A]^2 \quad A \to B}{B} \quad B \to C \vee D}{C \vee D} \quad \cfrac{[C]^1 \quad \neg C}{\bot} \quad \cfrac{\cfrac{[A]^2 \quad A \to B}{B} \quad \cfrac{\cfrac{[D]^1 \quad D \to E}{E} \quad E \to \neg B}{\neg B}}{\bot}}{\cfrac{\bot}{\neg A}2}1$$

この証明図より，A が犯人であるという仮定から矛盾が導かれた。したがって，A は犯人ではない。これが $\neg$ の導入規則である。

問題7 以下の3つの事実が警察に知られている。
① A君が犯人であれば，B君とC君も犯人である。
② B君が犯人なら，D君も犯人である。
③ 一方，D君が犯人なら，A君は犯人でない。
以上の事実から，A君の無実を証明せよ。

4.4 総合問題

ここでは，もう少しインフォーマルな形で演繹的推論を行っていく。これまでの節のように，自然演繹など形式的演繹体系の証明を与える必要はない。個々のステップでどのような演繹規則を参照したか，注意してもらえればよい。

問題8 A，B，C，D，Eの5人が学食で昼食に何を食べたかについて以下のことが分かっている。ただし，学食のメニューはうどんとカレーとパスタの3種類あるとする。また，1人1種類のメニューだけ食べたものとする。

 i Aはうどんを食べなかった。
 ii BとCは同じものを食べた。
 iii DとEは別のものを食べた。
 iv うどんを食べたのは2人である。
 v パスタを食べたのは2人である。

以上の条件から確実にいえるのは次のどれか。

 1．Aはカレーを食べた。
 2．Aはパスタを食べた。
 3．Bはうどんを食べた。
 4．Dはうどんを食べた。
 5．Eはカレーを食べた。

問題9 次の文章を読んで以下の問に答えよ。

 A，B，C，D，E，F，G，H，Iの9つの駅がある。これら9つの駅の関係について今次の条件が満たされているとする。

 ア A駅からはB，C，Dのどの駅にも行くことができる。
 イ E駅に行くにはC駅とB駅のいずれかを使えばよい。
 ウ H駅に行くには，C駅を経由してF駅に行くか，D駅を経由してG駅に行けばよい。
 エ E駅とH駅からI駅に行くことができる。

また，これらの他に可能な路線は存在しないとする。

 A駅からI駅に行くことを考える。A駅からI駅に行くのが不可能であるのは，どの路線が不通になっている場合か。その組み合わせを次の5つから選べ。

 1．AB―CF―GH
 2．AC―BE―GH
 3．AB―CE―FH

4．AD―CE―FH

5．AC―DG―FH

問題10 次の文章を読んで以下の問いに答えよ。

A～Hの8人がいる。彼らは正直者か嘘つきのいずれかに分類される。ここで，正直者はつねに本当のことをいい，嘘つきは決して本当のことはいわない。したがって，彼らは1つでも本当のことをいえば正直者であり，逆に1つでも誤ったことをいうと，嘘つきになる。A～Hまでの8人がそれぞれ次のような発言をした。

A「Bが嘘つきならCも嘘つきだ」

B「？」

C「Hは正直者だ」

D「Cは嘘つきだ」

E「Aが嘘つきならDも嘘つきだ」

F「Eは嘘つきだ」

G「Hが正直者ならFも正直者だ」

H「Cが正直者ならGは嘘つきだ」

（1）これらの発言内容から判断すると確実にいえることはどれか。次の1～5から選べ。

1．Cは正直者である

2．Eは嘘つきである。

3．Hが正直者ならFは正直者である。

4．Dは正直者である。

5．Gは正直者である。

（2）Bが正直者であるためには，Bはどのような発言をすればよいか。次の1～5から選べ。

1．Aは正直者だ。

2．B（自分）は正直者だ。

3．Eが正直者ならGも正直者である。

4．Dが嘘つきならFは嘘つきである。

5．Hが正直者ならEも正直者である。

4.5　演繹的推論の再構築

これまでは，演繹的推論があからさまにあらわれているようなケースを扱ってきたが，日常の場面では，演繹的推論が暗黙のうちに使われていて，しかも不完全な形で提示されることも多い。そのため，演繹的推論が使われていることに気づかないのである。ここではそのような演繹的推論を，必要であれば文章を挿入しながら再構成してみる。

4.5.1　暗黙の前提

日常での推論を理解する上で大切なのは，しばしば暗黙の前提に訴えて推論がなされるということだ。普段われわれは，推論にとって必要な前提をすべて列挙しない。特に，当たり前だと思う前提は明言しないのである。このように暗黙の前提の中には，自明なものも多いが，中にはそうでないものもある。推論をする当人の信念や思い込みを理解しなければならない場合もある。これを踏まえず，不完全な推論として切り捨ててしまってはならない。

特に日常語での推論を考える場合，このような暗黙の前提を補うことが要求される。推論に関わる前提をすべて「書き出す」のは時間の無駄であるし，かえって推論のポイントを見失わせるおそれがある。それらの前提すべてが言及するに値するのではなく，自分が特別焦点を当てたい前提だけを述べるのが普通なのだ。

そこで，暗黙の前提を補って，推論を再構築してみる必要がある。明示された命題と組み合わさって結論を演繹的に導くような命題ならどんなものでもよい，というわけではない。極端な話，明示された前提命題のいずれかの否定命題をつけ加えれば，結論はたしかに導ける。それどころか，実際どんな命題でも導けてしまう。また暗黙の前提として，証明したい結論そのものをおくというのは，論点先取といった誤謬推論である。誤謬推論については5.2.3で解説する。

上記のような極端なケースを除外した上で，暗黙の前提になるための自然で

合理的な条件は何か。まず，暗黙の前提として，最低限の前提をするというのが有力そうである。明示された前提と一緒になって，結論を導く前提の中で1番弱いものを考えるのだ。しかし，これは一般には正しくない。

例えば，

トーマスはアメリカ人である

トーマスはハンバーガーが好きである

といった推論を考えた場合，演繹的に妥当な推論にするために訴えるべき最小限の暗黙の前提は，

トーマスがアメリカ人ならば，トーマスはハンバーガーが好きである

である。しかし，ここではむしろ，

アメリカ人はみなハンバーガーが好きである

という一般命題を念頭においていると考えた方が自然だ。トーマスについての結論は，トーマス個人の特徴ではなく，アメリカ人であるという一般的特徴に訴えてなされているからだ。一般に，暗黙の前提としては，その人が抱いていると考えるのが自然な一般的原理，あるいは誰もが正しいと認めているような常識や原理を引き合いに出すべきである。つまり，推論を表明した人が合理的な前提をしていると想定した上で，その推論を評価するのがフェアである。

例題13 以下の文章で使われている暗黙の前提は何か。

　①捕鯨をすることで，鯨に大きな苦痛が生じる。しかし，②鯨は知能の高い動物である。よって，③捕鯨をしてはならない。

①②は，事実を述べる命題であるのに対して，③は，一定の行為の禁止を述べる，義務に関する命題である。一般に，事実を述べる命題から義務を表明する命題は論理的に出てこない。実際，①②から，③は演繹的に導かれない。①②から③を導くためには，他に以下の命題が必要である。

知能の高い動物に苦痛を与えることはしてはならない。

実際，それなりに納得できる命題であるし，暗黙の前提であると考えるのが妥当であろう。暗黙の前提は議論の共通認識である場合もある。

問題11 以下の推論で使われている暗黙の前提を指摘せよ。

（1）監視カメラを設置するならば，犯人は犯行を記録されることになる。また，犯行を記録されると，犯人は犯行の証拠を残すことになる。このように，監視カメラには犯罪抑止の効果がある。
（2）少子化が進むと，消費人口が減少する。消費人口が減少すれば，市場が縮小する。したがって，経済が衰退する。
（3）よしお君は日本人である。だから，よしお君は和食が好きである。

さらに，暗黙の前提を意識することで，議論の欠陥が明らかになることもある。以下の例題をやってみよう。

例題14 次の推論を批判せよ。
　　　　少子化によって，中学，高校，大学の受験者は軒並み減少する。これにより，受験競争が大幅に緩和される。少子化は好ましい傾向である。

　一見よさそうな議論であるが，欠陥がある。それをみるため，今の推論から暗黙の前提を取り出してみよう。すると，少子化においても，学校数は減少しないという前提の下に，この議論が成り立っているのが分かる。しかし，この前提は正しいであろうか。少子化になれば，教育を受ける子どもたちの数は減少し，その結果学校が統廃合され，学校数は減少するであろう。すると，暗黙の前提として，もとの前提と矛盾する命題を使っていたということになる。当然，矛盾する命題からはどのような結論も導かれてしまうので，これでは健全な推論とはいえない。子どもの数が減っても，学校の数まで減ってしまったら，結局受験競争は緩和されないのだ。現在，少子化によって受験競争が緩和され，大学全入時代に突入したといわれているが，いずれ倒産する大学も増えてくるわけだから，一時的な傾向であるとみるべきかもしれない。
　少子化が求職側にとって好ましいといった議論もこれと同様短絡的である。たしかに，現在少子化によって，求人は売り手市場であるといわれているが，このまま少子化が進めば，市場が縮小し，倒産する企業も増えていくであろう。結果として，新たな就職難の時代が到来することも十分考えられる。
　暗黙の前提は，日常の推論ではしばしば使われるが，今の問題のようにそれが推論の誤りの原因になっていることもある。したがって，推論の際には，暗黙の前提

も含め，どのような前提が関わってくるのか，十分気をつけるべきだ。

問題12 次の文章を読んで，この文章で表現されている推論が成り立つために必要不可欠な前提は次のうちどれか答えよ。

　今の日本では，企業が業績を回復するには，企業はまず合理化を図り，無駄な支出を抑えなければならない。無駄な支出を抑えるためには，従業員を大幅に削減する必要がある。他方，企業が業績を回復するには，まず，景気が回復しなければならない。ところが，失業者が増えると，国民全体の消費力が落ち，そのことによって，景気が回復しなくなる。よって，今の日本では，政府が十分な雇用対策を採らないままだと，企業が業績を回復することはできない。

　1．政府が十分な雇用対策を採らないと失業者が増える。
　2．政府が十分な雇用対策を採らずに企業が従業員を大幅に削減すると失業者が増える。
　3．企業が従業員を大幅に削減すると失業者が増える。
　4．外国への商品の輸出が伸びない。
　5．企業が業績を回復する方法は合理化しかない。

4.5.2　推論の再構築のその他のテクニック

　日常の場面では，表現の仕方によって，演繹的推論が隠れているケースが多い。4.5.1でみた暗黙の前提がその例である。特に，一見否定の形をとっていない文や概念などは，しばしば同じ意味の否定表現におきかえることができ，それによって，演繹的推論があらわれてくることが多い。あるいは否定と同義ではないが，否定を含意する場合にも，それによって正しい演繹的推論が得られるのであれば，否定に直してよい。より一般的には，否定に限らず，同義の文は同一の文として扱ってしまってよい。この点を例題で確認しておこう。

例題15 以下の文章から演繹的推論を取り出せ。
（1）AとBの2人の容疑者に絞った。しかし，Aはその後の調査で，アリバイがあることが分かった。そこで，警察はBが犯人であると結論づけた。

（2）景気が回復すれば株価が上昇するはずである。株価は依然横ばいのままである。まだ，景気は回復していないということだ。
（3）忍耐力の欠如は，教育力の低下や乱れた食生活に起因する。よって，忍耐力を養うには，これらを改善することが必要だ。

　（1）では，アリバイがある → 犯人ではないとおきかえれば，消去法の推論になる。同義のおきかえではないが，もちろんこのおきかえは妥当である，といえよう。もとの方がより強い仮定だからだ。
　（2）では，横ばいである → 上昇していないとおきかえれば，対偶の推論になる。こちらも，同義のおきかえではないが妥当だろう。
　（3）であるが，忍耐力の欠如を¬忍耐力と，否定の形であらわしてもよい。また，「～を改善する」は「¬～」でおきかえても差し支えない。すると，「よって」の前の文は，教育力の低下∨乱れた食生活 → ¬忍耐力とあらわされる。あとの文は，「忍耐力 → ¬教育力の低下∧¬乱れた食生活」とあらわされる。あとの文は，前の文の対偶であるから，この推論は妥当である。

　これまでは，そのまま推論として取り出せるような文章を扱ったが，実際の日常語の文章では，推論に直接関わらない部分も出てくる。それらはすべて切り落としてしまっても構わない。例題をやってみよう。

例題16　以下の文章から推論を再構築せよ。
　　　　今度A子のグループと合コンやろうと思っているんだけど，A子のやつ，B男も誘って，ていうに決まっているさ。でも，A子のグループには，俺たちの目当てのC代さんがいて，彼女が来ないと合コンの意味がないよ。でも，C代さん，イケメンのB男のことが好きみたいだから，B男と親しくなっちゃうかもな。これじゃ面白くないよなあ。かといって，B男が欠席するとC代さんも来るのをあきらめちゃうから，あとは，目ぼしいメンバーがいないし。結局合コンがつまらなくなっちゃう。A子は態度でかいし，気に入らないな。合コンやめようか。
　推論に本質的に関係する部分だけ取り出してみる。
①B男が来るとB男とC代さんが仲よくなる

②B男とC代さんが仲よくなると合コンはつまらない
③B男が欠席する
④C代さんも来るのをあきらめちゃう
⑤合コンがつまらなくなっちゃう

③と④はそれと同義の否定文に直してもよい。③は，B男が来ない。④は，C代さんも来ないとなる。「意味がない」，「面白くない」などはすべて「つまらない」で統一してまえばよい。余計な文章を削除していけば，以下のように整理できるであろう。

B男が来るとB男とC代さんが仲よくなる
B男とC代さんが仲よくなると合コンはつまらない
B男が来ないとC代さんも来ない
<u>C代さんが来ないと合コンはつまらない</u>
合コンはつまらない。

実際これは正しい演繹的推論である。

以上まとめると，推論の再構築のテクニックは以下のようになる。
（1）暗黙の前提をつけ加える
（2）適宜同義の表現に直す

問題13 次の文章から演繹的推論を取り出せ。
　　新聞のメリットは，その圧倒的な取材力に負う。取材力を支えているのは，収入である。新聞の収入は，広告収入か購読収入のいずれかである。しかし，広告の効果を疑問視するスポンサーが広告を打ち切るケースが相次いでいる。そのため，広告収入は減収の一途を辿っている。一方，広告収入を打ち切り，購読収入だけでは，収入を維持できない。購読収入も減少しているからだ。よって，新聞の取材力は低下する一方である。

4.6　演繹，帰納

演繹と帰納の相違については，第1章ですでに取り上げたが，この節では，

それらを非形式的にとらえなおしておきたい。日常の場面ではむしろそのような形であらわれることが圧倒的に多い。そこで，簡単に，

・**演繹型**：一般命題 → 個別命題
・**帰納型**：個別命題 → 一般命題

としておく。実際，多くの伝統的な論理学の教科書では両者をこのように位置づけている。すなわち，演繹と帰納は互いに逆の推論プロセスだ。ここでは，帰納の逆推論としての演繹に考察を限定しておく。

例題17 以下の結論の導き方は演繹型か，帰納型か。
（1）A君は今までB子さん，C美さん，D代さんとつき合ってきたがことごとくうまくいかなかった。A君は，彼女らに共通の特徴があることに気づいた。それは彼女らがみな理系出身であるということだ。そこで，彼は，今度つき合う彼女は文系出身の人にしようと決めた。
（2）投資家のA氏は，国内株に見切りをつけて，経済発展の著しい新興国の株に注目した。将来株価の大幅な値上げが予想されるからである。そこで，A氏は中東の新興国であるD国の株を購入することに決めた。

　解説に入ろう。（1）であるが，3人の事例から，理系出身の女性とつき合ってもうまくいかないという一般規則を導き出しているので，帰納型であるといえる。（2）であるが，

　新興国の株はみな値上がりする

　中東のD国の株は値上がりする → だから購入しよう

　中東のD国は新興国の1つであるから，これは演繹型である。これまでの章で勉強した形式推論においては，∀の除去規則に相当する。

　演繹型と帰納型の混合とでも呼ぶべき議論もある。例えば，

例題18 ①今年1月の満月の夜に殺人事件が発生した。また，②2月の満月の夜に殺人事件が発生した。そして③再び3月の満月の夜に殺人事件が発生した。きっと，④4月の満月の夜に殺人事件が発生するに違いない。

　これは，①②③から，帰納法によって，毎月満月の夜に殺人事件が発生する，

という一般命題を導き，そこから演繹（∀ 除去規則）によって，④を導き出した形になっている。

問題14 以下の結論の導き方は演繹型か，帰納型か。

（1）大阪のA上司と飲みにいったら，割り勘にさせられた。奈良のB先輩と食事をしたときも，割り勘だった。京都のC後輩と飲みに行ったら，おごらされた。関西人はけちに違いない。

（2）名古屋出身の人は見栄っ張りだ。A君は，結婚式に500万円も使ったって，平気で言っていたし，B君は，デートのときには，彼女にいつもご馳走していたな。A君もB君も名古屋出身だったな。

第5章　どうやって話に筋道をつけるか

　第4章では，演繹的推論が現実の場面でどう使われるか，解説してきた。本章では，論理をもう少し広い意味でとらえ，現実場面での適用をより拡張していきたい。特に，議論が論理的であるとはどのようなことか，より幅広い視点で多くの実例を交えながら解説していく。

　議論とは，印象的な言葉やストーリーで相手を心理的に説得することではない。適切な根拠を挙げて論理的に相手を説得することである。この章では，論理的な議論とは何か，相手を論理的に説得するにはどうすればよいかを中心に解説していきたい。

　形式的な演繹的推論とは異なり，一般に議論が正しいかどうかを決めるための厳密で一義的な基準は存在しない。演繹理論のような体系化は議論に関しては不可能である。議論の正しさは，その論題に大きく依存し，ケース・バイ・ケースで判断するしかないからだ。つまり，形式だけでなく，中身も重要になってくる。背景事情も考慮することになり，議論の正しさは事実問題として扱われる。演繹的推論のように，抽象的にその妥当性を決定するわけにはいかない。

　それでも，われわれは与えられた議論が適切であるかどうか，判断することはできるし，その判断は概ね一致する。やはり個々の議論においても一定のガイドラインが存在するはずである。特に論理には，議論が間違った方向にいかないようにコントロールする役割もある。そのガイドラインにはどのようなものがあるか，それを学習するのが本章の目的である。

5.1 議論の組み立て方

5.1.1 議論の基本構成——議論は主張と根拠からなる

　ここでは，推論を議論というより大きい枠組みの中でみることにする。議論の目的は，自分の主張を相手に受け容れさせることにある。実際，主張の内容だけで相手が納得するということはまずない。その内容をみただけで正しいことが分かるような主張は，大概，当たり前というか，取るに足りないものである。ほとんどの場合，中身のある主張は，妥当かどうか直ちには分からない，それこそ「議論の余地のある」ものだ。相手はその主張に対して根拠を提示するよう求める。例えば，「少年法を厳罰化の方向で改正すべきである」と主張しただけでは，相手を説得できない。というのは，これに反対の立場をとる人も多いからである。そのため，その主張に対して，相手側にも十分納得のできる根拠を提示する必要がある。実際，主張や提案については，賛否が分かれるケースがほとんどである。賛成にしろ，反対にしろ，相手を自分の立場に傾かせるために議論をするのだ。

　議論の基本構造は以下の通りである。

　・**議論**：主張 ← 根拠

議論の妥当性の基準は以下の2つに分けられる。

　・**基準A**：根拠が信頼に足るものであるかどうか

　・**基準B**：根拠が主張をきちんとサポートしているかどうか

　まず，基準Aからみていこう。基本的に，根拠は，事実あるいはそれに準ずる信頼性の高い情報でなければならない。もちろん，実際の議論では根拠そのものの妥当性にまでさかのぼって論じることが多いが，少なくとも，自ら提示する根拠に対しても，その妥当性を論じる用意ができている必要がある。根拠そのものが単なる憶測であってはならないのだ。

　次に，基準Bであるが，議論が説得力を持つためには，根拠が高い信憑性を持つというだけでは不十分である。いくら絶対に正しいからといって，「2＋3＝5」という命題が，「明日は晴れである」という命題を根拠づけることはできないであろう。そもそも2つの命題の間に，何の関連性もないのだ。もち

ろん，関連性だけではなく，根拠が主張の信憑性を高めていることも必要だ。そこで，基準Bをいいかえると以下のようになるであろう。

・**基準B′**：主張と根拠のつながりがどれだけ強いか。また，根拠が主張の妥当性をどれだけ高めているか。

1つの主張に対しては，複数の根拠を提示することができるし，その根拠の中でも，強力な根拠とそうでない根拠がある。やはり，強力な根拠，つまり主張の妥当性にとって本質的な論拠を提示する根拠の方が望ましい。例えば，以下の2つの議論において，どちらの根拠の方がより本質的であろうか。

例題1

根拠1：ブート・キャンプはシェイプアップに最適である。なぜなら，体の各パーツに効率的に負荷をかけて，引き締める効果があるからだ。

根拠2：ブート・キャンプはシェイプアップに最適である。なぜなら，多くの有名人がこれで痩せたとテレビでも放映されているからだ。

なぜブート・キャンプがシェイプアップによいのか。これについてほとんどの人々は，因果的な説明を求めている。因果関係というのは科学的に実証できるし，根拠としては強固なものである。2の方の根拠は，ブート・キャンプがシェイプアップに効果的であることの間接的な証拠でしかない。もちろん，統計的な証拠も重要である。しかし，われわれは，なぜ多くの有名人がブート・キャンプで痩せたのか，今度はその根拠をたずねるであろう。そこで，結局，1の方の根拠も参照することになり，こちらがより本質的な根拠になる。

実際，どちらか一方の根拠だけではなく，1と2の根拠を合わせて提示することが多い。このように，議論では複数の根拠を提示して，主張を補強することが普通である。根拠が複数あれば，それだけ説得力が増すのだ。それら複数の根拠は，単独で結論を支持するものでなければならない。例えば，以下の例題をみてみよう。

例題2 子どもがインターネットを利用するのはよくない。なぜなら，①インターネットを利用することで夜更かしの習慣ができてしまい，健康に悪影響を

及ぼすし，さらには，②インターネットには有害サイトがあり，子どもがアクセスすることで犯罪に巻き込まれる危険性があるからだ。
①と②の根拠がそれぞれ単独で結論を支持し得ることは容易に確認できる。

これに対して，複数の根拠が合わさってはじめて結論を根拠付けるものもある。演繹的推論がその典型例である。例えば，以下の例題を通じて考えてみよう。

例題3　①彼女は6時30分に仕事を終える。②そこから映画館まで1時間かかる。しかし，③7時上映開始であるから，彼女は映画には間に合わない。
　根拠①②③が全部そろってはじめて結論がいえるのである。しばしば，それらのうちいくつかは暗黙の前提になっていることがある。暗黙の前提については4.5.2を参照のこと。

問題1　以下の文章から議論を取り出せ。また，複数の根拠が使われている場合，それぞれ単独で結論を支持し得るか，それらが合わさってはじめて結論を根拠づけるか，ということも指摘せよ。
（1）①タバコを1000円に値上げすることに賛成だ。②多大な税収増が見込まれるし，③多くの人間が禁煙に踏み切るであろう。しかし，④愛煙家からの反発も十分予想される。
（2）①株価が大きく下落し，②消費意欲がますます落ち込んでいく。③今後日本経済の低迷が続くであろう。
（3）①Aさんは女性であるが，②夏でも厚着をしている。③彼女はイスラム教徒なのであろう。

問題2　以下の各々の議論の組について，どちらの議論の方が優れているか。結論の正しさで判断しないように注意すること。
（1）A．朝食にバナナだけを食べるのは健康によい。なぜなら，テレビでそのようにいっていたからだ。
　　 B．朝食にバナナだけを食べるのは健康によくない。なぜなら，バナナだけ

だと炭水化物しかとれず，栄養が偏るからだ。
（2）A．子どものうちから動物を育てる経験を持つのはよいことだ。なぜなら，生き物を大切にする気持ちが育ち，情操教育に最適だからだ。
　　　B．子どものうちから動物を育てる経験を持つのはよいことだ。なぜなら，子どものときにペットを飼っていたA君は，今では実業家として成功を収めているからだ。

5.1.2　議論に客観性を持たせるには──議論・根拠の強化

　主張に客観性を持たせるために，当然根拠自体にも客観性がなければいけない。根拠が主観的なものでは，相手とその根拠を共有することができず，相手を説得することができない。根拠としては，客観的事実，あるいはそれに準ずるような普遍的な原理を引き合いに出すべきだ。例えば，以下の主張を考えてみよう。

例題 4

・主張 1：死刑制度を存続させるべきだ。

　各方面でよく議論されている話題だが，賛成の根拠としてはどのようなものが考えられるか。例えば，以下のような根拠はどうか。

・根拠 1：悪人は死刑にしないと社会にとって大きなマイナスとなる。

　実際，多くの人たちは，このようないい分にある程度は共感するだろうし，それなりの説得力はあるかもしれない。しかしこれだけでは幼稚な感情論とみなされかねない。気持ちは分かるが，客観的な主張として受け容れられるかどうかとなると話は全く別である。議論で大切なのは，感情に訴えることではなく，理性に訴えることだ。

　そこで，議論を論理的に組み立てなおす必要がある。今の議論の場合，更生の可能性に言及するのがよいであろう。根拠1を2つの根拠に分割してみる。根拠1をより客観性のある2つの根拠でおきかえてみるのだ。ただし，どちらの根拠も単独では機能せず，2つ合わさってはじめて主張をサポートできる。実際，根拠1は根拠1-1と根拠1-2からの帰結である。

・根拠 1-1：死刑に値するような重大犯罪を引き起こした人間を更生させるの

はきわめて難しい。
・根拠1-2：更生が不十分なまま前科者を社会復帰させると，再犯を犯す可能性が高い。→ その結果社会に害悪がもたらされる危険性も高くなる。

いわゆる三段論法を適用した形だが，こうすれば話がきちんとつながるであろうし，客観的な根拠も提示でき，当然説得力も増すことになる。実際，死刑制度存続の主張については，重大犯罪を起こした人間の更生の困難さが主要な根拠の1つとして挙げられる。

今度は，反対の根拠をみていこう。
・主張2：死刑制度は廃止すべきである。
・根拠2A：犯罪者も人の子である。その命を奪うのはかわいそうである。
・根拠2B：死刑のときには，大きな精神的・肉体的苦痛を伴うので，この点においてもかわいそうだ。

この議論も，「かわいそう」などと主観的な心情を述べるにとどまり，感情論になっている。ただ，感情論と切り捨てるには真理をついている面もある。それを生かした形で，この議論も修正することができるであろうか。

一例として，以下のように修正してみるのはどうか。犯罪者を死刑にしてしまえば，更生のチャンスを奪うことになる。むしろ生かしておいて，社会貢献を果たす形で罪を償わせる方が本人にとっても，社会にとっても有意義である。実際，日本の刑罰制度も更生をその基本理念とする。

次に，処罰を加える際に，苦痛を与えてはならないという憲法を根拠に持ち出すのだ。法的根拠であれば，相当の説得力がある。実際，死刑廃止論者がよく引き合いに出す法的根拠の1つである。

こうして，根拠はそれぞれ以下のように修正される。
・根拠2A′：犯罪者から更生の機会を奪うことになる。
・根拠2B′：処罰を加える際に，苦痛を与えてはならないという憲法にも反する。

他にも，戦争と同様，死刑制度は，国家による「殺人」を正当化するものだという反対の根拠もある。

このように論理には議論の飛躍を埋める機能もあるのだ。逆にいえば，論理

的な議論とは飛躍のない議論のことである。「スキ」のない議論といういい方もできよう。繰り返すように，議論で大切なのは，相手の心情に訴えて心理的に説得することでなく，相手の**理性**に訴えて**論理的**に説得することである。

問題3 以下の議論を論理的に再構成してみよ。
　　　　主張：私は安楽死に賛成である。
　　　　根拠：末期癌などの痛みで本人がのた打ち回りながら苦しんでいるのをみているのは，みている方にとっても大きな苦痛であるし，植物状態になってまで生きている意味なんかない。

5.1.3 演繹的な議論，cogent な議論

　これまでみてきたように，演繹的推論は絶対確実な推論であり，これを使った議論は，関連性の観点からは否定できない。もちろん，演繹的推論を使った議論でも議論としては間違いであることもあり得る。つまり，前提が間違っている場合である。例えば，以下の議論は妥当な推論に基づくが，正しいとはいえない。

例題5
猫には髭がある。
<u>髭がある生き物はすべて哺乳類である。</u>
猫は哺乳類である。
　たしかに，妥当な演繹的推論であるし，しかも結論も正しい。しかし，2番目の前提が間違っている。哺乳類でなくても，髭がある生き物，例えば，鯉や鯰などが存在するからだ。

　逆に，演繹的推論でなくても，議論としては適切であるということもある。日常われわれが行っている議論は演繹的推論ばかりではない。例えば，帰納的推論がそうである。そのような議論についても客観的な評価を与えることができる。演繹的でない議論については，Feldman（1988）の言葉を借りて，cogent と呼ぶことにする。つじつまが合う，というくらいの意味である。本章

では，cogent という意味で適切な議論まで扱う．

cogent な議論の例を挙げる．B 氏と長い間親交のあった A 氏だが，ここ数年多忙で年賀状でのやり取りしかなかった．A 氏は次のような推論をした．

例題 6

A 氏：「昨年まで，B さんから年賀状が届いたが，今年は年賀状が届いていない．おそらく，B さんは死んでしまったのであろう．高齢の彼には身寄りがおらず，喪中の届出がなかったのもそのためだ．」

たしかに，これは演繹的推論ではない．というのは，これらの前提から結論が必ず帰結するわけではないからである．例えば，昨年，A 氏が B 氏に宛てた年賀状を読んで，B 氏が激怒してしまい，返事をよこさなかった可能性も否定できない．あるいは郵便事故の可能性だってある．しかし，状況から判断すると，議論としては適切であろう．少なくともつじつまは合っている．

問題 4 次の議論は演繹的なものか，それとも cogent なものか．
（1）株価が下落すれば，景気が悪化する．今，株価は下落の一途を辿っている．景気は悪化するであろう．
（2）ただおくんが肉を食べているのをみたことがない．ダイエットしているわけでもないし，彼はベジタリアンなのであろう．
（3）経済的困難さによる未婚率の上昇と育児環境の整備不足が日本における少子化の主な原因である．よって，これらを解決すれば，少子化は解消される．

5.1.4 主張の種類

ここで主張の一般的な構造を整理してみよう．大きくみて，主張は，①客観的な事実について自身の見解を主張する，②制度などを新たに提案する，あるいは既存の制度の是非を論じる，③時代傾向などについて望ましいか，望ましくないか，あるいはある事柄について道徳的に善い悪い，美しいなど価値判断を論じる，といった 3 通りに分類される．このように，主張が 3 通りあるのに応じて，議論も 3 通りになる．

1 事実型の主張：見解が事実であるかどうか

　例えば，日本の景気が回復基調にあるかどうかを論じるといった場合がこれに相当する。事実型の議論では，検討すべきポイントは以下の2点である。
　（1）主張が妥当な根拠によって支えられているかどうか
　今の例でいえば，株価の上昇や雇用状況の改善など，日本の景気が回復基調にあることの証拠を提示するのである。
　（2）主張がすでに正しいとされている事実と矛盾しないかどうか，あるいは主張に対する反証が与えられていないかどうか
　同じ例でいえば，デフレや株価の下落など，景気が下降していることの証拠がないことを指摘する。別のいい方をすれば，もとの主張を否定する有力な根拠がない，あるいはみつからないことを論じるわけだ。実際には（1）だけで十分の場合が多いが，（2）があればさらに主張が補強される。日本の景気が回復基調にある，というのは単独の事実の主張である。第1章の原子文に相当する。この他に，事象間に因果的連関があることを主張するタイプのものがある。科学的な文脈に限らず，日常の会話にもしばしば登場するのが，2つの事象の間の因果関係を主張する命題である。これも事実型の主張の1つとみなすことができる。ここでは，厳密な因果関係から，喫煙と肺がんに罹る率など，統計的な相関関係まで含めて考えることにする。ただし，本書では統計的推論については細かく立ち入らない。
　因果関係の主張は議論の構造と類似している。単に，2つの事象が成り立っているということだけでなく，2つの事象の間の関連性を主張しているからである。実際，2つの事象が連続して生起していても，その間に因果関係が成り立たないということはいくらでもある。
　さらに，因果関係の命題を条件命題として考えた場合，原因が成り立っているのに結果が生じないことが，因果関係の命題に対する決定的な反例となる。
　因果関係的説明の妥当性の基準は，おおよそ以下の通りである。
　（1）他に有力な説明原理がなく，それだけが有力な説明原理である。
　（2）その関連性が，より根本的な科学法則によって裏づけられている。
　（3）それを裏づける多くの実証データがある。

2 提案型の主張：提案が妥当なものかどうか

例えば，さきほど論じた「死刑制度を廃止すべきだ」といった場合がこれに相当する。提案型の主張では，検討すべきポイントは以下の3点である。

（1）**提案の有効性**：提案が目的にとって効果的であるかどうか

例えば，犯罪など緊急の連絡時に子どもに携帯電話を持たせるのがよい，といった提案をしたとする。その際，携帯電話ならただちに取り出せて，保護者や警察と連絡を取ることができる，といった根拠を提示するであろう。これに対しては犯罪などの緊急事態に子どもが冷静さを保てなかったり，携帯電話を奪われたりして，せっかくの携帯電話が使えない，だから携帯電話が防犯に効果的とは限らない，と論じることもできる。この提案に反対の論者は，これを反対の根拠として提示するであろう。もちろん，賛成側の論者は，提案がその効果を発揮するにはどうしたらよいか，検討を進めていくこともできる。これはのちほど説明する提案の実現可能性とも関わる。

（2）**提案のデメリット**：提案から不都合な事態が生じないかどうか

提案が目的を達成するとしても，その提案から不都合な事態が生じてしまっては意味がない。たしかに，携帯電話は連絡手段としては有効かもしれないが，携帯電話を通じて有害サイトにアクセスし，かえって犯罪に巻き込まれるケースも報告されている。つまり，携帯電話の所持によって，1つの問題を解決できたとしても他の問題を生じさせてしまっては元も子もない。もちろん提案を支持する立場なら，今度はこの問題を解決する方向で議論を進めていくという手もある。こうして副次的な論点に移行していくのだ。

（3）**提案の実現可能性**：提案が実現可能であるかどうか

提案が目的にとって効果的であり，しかもそこから不都合な事態が生じないことが分かっていても，予算など必要条件が満たされそうもなければ，その提案は「絵に描いた餅」である。例えば，高齢者や障害者の社会進出を促すために，JRの全駅をバリアフリー化するといった提案は，提案の有効性と提案のデメリットの基準はクリアしているかもしれないが，予算を考えると実現不可能といわざるを得ない。この点で，提案としては妥当なものとはいえない。提案の実現可能性では，提案を実現させるための前提条件を論じていると考えることもできよう。

もちろん，これらのポイントは互いに関連しあっている。例えば，提案が実現可能でなければ，その提案が本来の効果を発揮し得ない。

3 価値判断などの評価型の主張

人に親切にすべきだ，といった倫理的判断や，モーツァルトの曲は美しい，などの美的判断がこれに当てはまる。時代傾向や事実が好ましいかどうか，という議論もこれに含まれる。例えば，日本経済にとって，円高傾向が好ましいかどうか，少子化傾向が好ましいかどうか，といった主張である。地球温暖化が地球環境にとって好ましくない，といった主張もそうである。もちろん，美的判断などは主観的要素も多く，客観的にその真偽を述べることは困難である。注意すべきはこのタイプの議論をする場合，事実を事実として受け容れた上で，それのよしあしを議論しているということだ。与えられた事柄について，それが事実かどうかを議論しているのではなく，それを前提として議論をしているのだ。一般に，議論の前提そのものを議論することに意味はない。

（1）事実が好ましい，あるいは少なくとも不可避である

→その事実が好ましいことの根拠を挙げた上で，その事実から予想される問題点を解決する方法を論じる。

（2）事実が好ましくない

→その事実が好ましくないことの根拠を挙げた上で，その事実を改善するための対策を論じる。

例えば，少子化傾向について，少子化が好ましくないとした場合，少子化がどのような問題をもたらすかを論じた上で，少子化を解消する手段を論じることになる。例えば，少子化が生産力や消費力の低下を招き，日本経済を衰退させるといった少子化のデメリットを論じる。そして，少子化を解消する手段，例えば，出産・育児支援などを論じることになる。

これに対して，少子化を容認する場合，少子化から予想されるデメリットをどう防ぐかが議論の主な焦点になる。例えば，省力化技術の導入による生産効率の向上などを論じるのがこの立場からの議論である。

もちろん，就労女性の出産・育児支援などはどちらの立場からでも有力な対策として論じることができる。

例題7 以下の5つの主張は，事実型，提案型，評価型のいずれに分類されるか。
（1）ボナールの絵画はみなすばらしい。
（2）喫煙は健康に悪影響を及ぼす。
（3）全世界が何らかの対策を講じなければ，地球温暖化が進んでいく。
（4）日本では積極的安楽死が禁止されている。
（5）子どもの前で喫煙をすべきでない。

　ここで注意すべきは，事実型の命題と評価型の命題を区別することである。もちろん，評価型の命題を根拠づけるのに，事実型の命題を引き合いに出すということもあるが，これらは別の趣旨の命題である。例えば，動物実験は動物に苦痛を与えるという命題は，真偽はともかく，事実型の命題であるが，そこから直ちに動物実験は好ましくない，という命題は導かれない。苦痛を与えることは好ましい，と考えている人間だっているかもしれないのだ。

　（1）は美的判断に関わる評価型の主張である。（2）は，たしかに，喫煙をすべきでないという提案型主張の有力な根拠にはなるであろうが，それ自体，提案も評価も含意していない。実際，喫煙を個人の自由ととらえ，健康被害を覚悟の上で喫煙をしている者もいる。（3）は紛らわしいが，事実型の主張である。地球温暖化対策の必要性を強く示唆するかもしれないが，それ自体，その必要性を訴えているわけではない。単に事実を述べているだけだ。（4）も紛らわしいが，単に，日本における安楽死の実情について述べる事実型の命題であり，そこからいかなる倫理的，法的主張も行っていない。（5）は提案型である。

問題5 以下の5つの主張は，事実型，提案型，評価型のいずれに分類されるか。
（1）死刑制度には犯罪抑止効果がある。
（2）安易な金利引き下げは，大恐慌をもたらすおそれがある。
（3）地方に大型スーパーマーケットが進出し，地元の商店街を圧迫しているのは好ましくない状況である。
（4）財政を立て直すために，消費税率を上げた方がよい。
（5）就職に有利になるという理由でボランティア活動をするのはよくない。

5.1.5 論点とは

ここで，論点について詳説しておきたい。論点とは一言でいうと，「何を論じているか」ということである。論点はいわば議論の「軸」で，議論を構成したり，理解したりする際に大きな役割を果たす。およそ物事には，多くの側面がある。したがって，ある事柄について１つの論点で議論するということはほとんどなく，実際の議論では多くの論点を参照することになる。その方が多面的な議論になるからだ。そこで，議論において，主論点と副次論点を区別することが重要になる。

議論を交わしている場合，当事者たちが，何を論じているのか，共通認識を持っていないと，議論がかみ合わなくなる。議論を円滑に進めるためにも，論点の確認は重要な作業である。

主論点は中心となる主張である。その妥当性をめぐって，双方が議論を展開していく。副次論点とは，主論点から派生する論点である。その１つに，主張に対する根拠がある。もちろん，基本的には，主張の妥当性が議論の中心になるが，議論は主張と根拠から構成されているので，結局は，根拠の妥当性の方を論じるわけだ。ここで，論点が主論点から副次論点に移る。主張をする側は，その根拠が適切であることを論じる必要がある。これに異を唱える側は，その根拠が適切でないことを論じるのだ。

実例でこの点を確認してみよう。

例題8 １〜５のうち，次の２人の議論の論点として，最も適切なものを１つ選びなさい。

①Ａ：年功序列制をやめて成果主義を導入すべきだ。

②Ｂ：そうかな。成果主義だと評価の高い人は給料も高くなるのでいいが，そうでない人は，やる気を失い，チームワークもとりにくくなるし，結果として会社の業績は上がらなくなるのではないか。

③Ａ：そんなことはないよ。みなが競争意識を持ち，積極的に仕事に取り組む結果，会社の業績が上がるのは間違いないよ。

④Ｂ：ふうん。それに，公平で客観的な評価ができるとは思えないけれどね。

⑤A：あらかじめ上司と面談の上目標を設定し，それを半期ごとに達成できたか否か評価する仕組みにしておけばできるさ。

⑥B：甘いな。上司と部下がなれ合いで評価したら評価の高いものだらけになってしまうよ。それに成果といっても1年で結果が出るとは限らないのではないかな。

⑦A：成果主義をとって，もし欠点があれば，修正していけばいいよ。

1．成果主義をとった場合，どうしたら公平で客観的な評価ができるか。
2．成果主義により会社の業績は上がるか否か。
3．成果主義と年功序列制のいずれが優れているか。
4．成果主義を導入すべきか否か。
5．成果主義はわが国の企業風土にあうか否か。

(日弁連2005年実施法科大学院適性試験第1部問題1)

　この問題は，議論の主論点を指摘する問題である。ここでの主論点は，成果主義を導入すべきか否かであり，これをめぐってAとBの間に議論が交わされている。議論のタイプとしては提案型である（もちろん，この問題の正解は4である。5はそもそもこの議論では全く触れられていない。他の選択肢については，以降の本文の説明を参照していただきたい）。

　まず，2人は，成果主義を導入する主要な根拠としてよく引き合いに出される，成果主義のメリットを中心に論じている。

・成果主義のメリット：（個々人のモチベーションを高め，結果として）会社の業績が上がる。

　2はこの副次的論点に言及している。AもBも，会社の業績向上が成果主義の主なメリットであることを認めた上で，このメリットが果たして本当のものであるかどうかを論じている。②〜③までが，この部分に相当する。Bは成果主義を導入しても，会社の業績は上がらないことを論じている。メリットがないので成果主義を導入しても意味がないという論じ方である。これに対して，Aは成果主義を導入することによって，会社の業績が上がると論じている。ここでは根拠が1つしか挙げられていないが，実際の議論では，複数の根拠を論点として議論が進められる。1は2と同じく副次的論点であるが，その趣旨が異なる。1は成果主義が正しく機能するための前提条件に関わる。成果主義が機能するには，公平で客観的な評価が

可能であるということが前提になっている，という点において両者は合意している。Aは，前提条件は満たされる，だから導入できると論じ，Bは前提条件が満たされない，だから成果主義は導入すべきでない，と論じているのである。④〜⑥までがこの部分に相当する。

　いずれにせよ，両者が複数の論点で議論しているのが分かるであろう。現実問題を議論する場合，多面的な考察が要求される。議論で複数の論点を参照することには，議論に厚みを持たせる効果がある。

　3についてであるが，これは間違えやすかったであろう。成果主義と年功序列制の優劣がよく議論されているので，これにひきずられてしまうおそれがあるからだ。①のAの台詞もこの点でミスリーディングかもしれない。しかし，この議論の中では，年功序列制についてはそのメリットやデメリットなどを述べておらず，年功序列制と成果主義を比較しているわけではない。

　また，このAとBの間の議論は全体にうまくかみあっているのが分かる。それは両者が議論の論点を明確に把握しているからである。例えば，④のBの主張に対して，もしAが，

　⑤′A：いや，たとえ，公平で客観的な評価が不可能であるとしても，成果主義によって，会社に不要な人間が排除されることになり，やはり会社の業績が上がることになるから，メリットはあるのだ。

などと答えたらどうなるか。論点がかみ合わず，これ以上議論は進まなくなってしまうであろう。ここでのAの応答は明らかにおかしい。そもそも成果主義が正常に機能するための前提条件が満たされなければ，成果主義のメリットなどいくら挙げても意味がないのだ。賛成か反対かを論じる場合，一方的に自分の見解をまくし立てるのでは議論にならない。相手と論点を共有するためにも論点は明確にすべきだ。

例題9　昨今，ボランティアの義務化が話題になっている。ボランティアの義務化とは，一定年齢の若者に，一定期間ボランティアを義務づけるという提案である。それによって，若者に奉仕の精神を養わせるのが主な狙いである。そのボランティアの義務化をめぐってAとBが議論を交わしている。以下の対話の問題点を指摘せよ。

Ａ：僕は，ボランティア活動の義務化に賛成だ。だって，ボランティア活
　　　　動によって，他人に奉仕する気持ちが養われるだろう。今の日本人，
　　　　特に若者に足りないのはこの精神だ。
　　　Ｂ：でも，ボランティアって本来自発的にすべきものでしょ。義務化で強
　　　　制されたら，ボランティアの精神が失われてしまうよ。
　　　Ａ：それじゃ，君は，このまま日本人が堕落していってもよい，と思って
　　　　いるんだね。非国民だ。
　ここで根本的に間違っているのはＡの議論である。ボランティアの義務化で主な論点になっているのは，ボランティア活動の普及のための手段であって，活動そのものの是非ではない。ボランティア活動の有意性はその議論のための前提，共通認識である。だから，議論する必要などないのだ。Ｂはボランティアの義務化という手段の是非を論じているのに対し，Ａは，Ｂに反対するためもっぱらボランティア活動の有意性だけを根拠に挙げている。互いの間に共通認識ができておらず，これでは議論がかみ合うわけがない。

例題10　以下の議論の問題点を指摘せよ。
　　　Ａ：少子化対策として，早急に育児支援制度を充実させるべきだ。出生率
　　　　の上昇が急務の課題だ。
　　　Ｂ：いや，むしろ，生産工程のIT化や省力化技術によって，労働生産性
　　　　を高めるべきだ。それが少子化による生産力低下を防ぐことになる。
　　　Ａ：それでは，少子化を防ぐことができないだろう。
　　　Ｂ：育児支援制度の整備よりも，生産効率向上の方が，経済的な効果が高
　　　　く，こちらの方が優れた政策だ。
　この対話を読んで，Ａ，Ｂ双方のいい分がかみ合っていないことに気づくが，これは論点が食い違っていることによる。Ａは少子化そのものを解消するための方策を論じているのに，Ｂは，少子化を前提とした上で，そこから予想される問題，生産力低下を解消する方法を論じている。論じている問題が異なるので，議論がかみ合うはずもない。

　論点は議題や議論の主要テーマとしてもとらえることもできる。

例題11 1～5のうち，次の主張と異なった見地に立つものを1つ選びなさい。

・主張：国際政治の場において各国政府は，それぞれの国益を最大にしようと行動している。そこでは，戦争は，国家の政策の1つである。それぞれの国家は，自分で自分を守る他はない。各国が，脅しあって力の均衡が生まれたときが平和であるにすぎない。

1. 冷戦時代米ソ間では，力の均衡が保たれていたため，ベトナム戦争などの地域紛争はあったものの大規模な核戦争は行われなかった。
2. 力の均衡を維持するために，軍拡競争により軍事費が増大して国民経済に負担となる傾向がある。
3. 大国間の平和の維持のために，小国の国益が犠牲にされた歴史的経験は枚挙にいとまがない。
4. 国は戦争を行うに当たり大義を掲げるが，それは建前にすぎず，真の目的は，国益の追求である。
5. 人権を抑圧する独裁政府は，しばしば国際紛争の火種になる。そのような政府を倒す戦争は，正義の戦争である。

（日弁連2005年実施法科大学院適性試験第1部問題5）

「次の主張と異なった見地に立つ」といった曖昧な設問に戸惑う人も多いのではないか。一体何が問われているのか直ぐには判断できなかったであろう。この種の問題でも重要なのは，**論点抽出**である。どのような主張や議論も，必ず論点をめぐって展開されることは先にも確認したが，ここでの論点は，国益と戦争の関わりおよびそこから派生する戦力の均衡と平和の関わりである。つまり，設問の文章からは，この論点に沿って，戦争はあくまで自国の利益を最大化するための手段にすぎず，平和は，戦争の脅威によって力の均衡が取れた状態にすぎない，といった主張が読み取れる。そこで設問の正解は，この論点から外れた主張を述べている選択肢だ。それ以外の不正解の選択肢はすべてこの論点を裏打ちする。1は，後半の論点の力の均衡の具体例を述べている。2は，前半の論点と後半の論点にまたがるもので，力の均衡のためにしばしば国益が損なわれると論じている。3は，大国間の平和維持という大国の利益のために小国の利益が犠牲になると述べている。4は，もとの主張の前半の論点とほぼ同じ主張である。5だけが，戦争と国益の関わりを論じていないし，武力の均衡にも言及していない。したがって，正解は5である。

問題6　論点に留意して，以下の議論の問題点を指摘せよ。
　　　A：児童虐待を防ぐために，子どもを虐待する保護者から切り離すべきだ。
　　　B：いや，それだと，子どもと保護者の関係が希薄になり，保護者は子どもへの愛情をますます失い，かえって虐待に拍車をかけてしまう。
　　　A：しかし，保護者と子どもを一緒にしておくままだと，保護者は虐待をさらにエスカレートさせる。子どもも保護者に嫌われたくない一心で，虐待の事実を外部に知らせないようにするであろう。
　　　B：普段から正常な親子関係が築けていれば，そもそも児童虐待など生じないのだ。

5.1.6　具体例と一般化——具体的エピソードとは

　議論は多くの場合，一般的主張の是非をめぐってなされるが，その際しばしば具体例が大きな役割を果たす。具体例は，根拠づけとして機能する役目もあるし，話のポイントを具体的にし，分かりやすくする役目もある。
　また具体例を通して，アイデアや発想を得ることもできる。具体的事例から一般的主張を引き出すという帰納型の議論とみなしてもよい。もちろん1つの事例からの一般化は，論理的正当化という面では十分ではないが，一般命題の中身を理解させるためには有効である。ここでは，特に具体的エピソードを取り上げ，その使い方について解説したい。これは，論文を書く場合だけでなく，面接での自己 PR にも使える。主に就職でのエントリーシートや面接の場面を想定する。この際1つのエピソードでも自分の長所の十分な裏づけになる。
　具体的エピソードを書く場合，まず大切なのはそれについて必ず意味づけを与えるということだ。実際，1つの具体的エピソードについては複数の意味づけが可能であり，具体例だけではポイントが分からないことがある。

例題12

・エピソード：私は，コンビニでアルバイトをしているとき，どのようにすればお客さまに商品に注目してもらえるか，さまざまな工夫をしてきました。例えば，注目商品は，店の入り口からまっすぐの，目の高さにある棚におくなど，お客さまの目にとまりやすい場所に配

置しました。また，新着雑誌などは目立ちやすい本棚の中段にお
き，それ以外の雑誌は下の方に平積みにしました。新商品が入荷
したときには，宣伝ポスターなどをパソコンで作製しました。

このようなエピソードがあったとき，次のような結論を引き出してしまいがちで
ある。

・意味づけ1：私はコンビニ業務に適性があります。

これではエピソードを一般化できていない。具体的エピソードから少しも出てい
ない。もちろん，コンビニ業界を志望しているのであればそれで構わないが，それ
以外の職種への適性をアピールしたいのであれば，もっと一般化する必要がある。
例えば，以下のような一般化はどうであろうか。

・意味づけ2：私は，広告に対する適性があります。

これなら，具体例に沿った一般化になっているだろう。さらに，広告業界だけで
なく，インテリア業界への適性としても使えるかもしれない。

次は，エピソードと意味づけが合致していない例をみる。

例題13

・エピソード：私は，学生時代，アメリカに語学留学をしようと決意した。その
ために，まずはTOEICスコアを向上させるために，毎日3時間，
参考書やCDを使って，英語力を高めてきた。そして，勉強の合
間をぬってアルバイトをして，留学資金を貯めた。これらをすべ
て両立させるために綿密なスケジュールを立てた。こうして，私
は留学にこぎつけた。アメリカではたくさんの留学仲間にも恵ま
れ，充実した留学生活を送ることができた。

・意味づけ：このように，私は，コミュニケーションをとることが得意である。

この文の具体的エピソードはそれなりにアピールしてはいるが，意味づけを誤っ
ている。ここでは，コミュニケーション能力を示すようなエピソードが何1つ挙げ
られていない。語学の勉強や留学をしたから，直ちにコミュニケーション能力が身
につくわけでもない。もしそれを強調したいなら，いかにして不慣れな場所で留学
仲間を増やしていったかを中心に説明すべきである。このエピソードでは，むしろ

行動力がポイントで，こちらを明記した方が論理的である。

例題14 次の具体的事例に合致する意味づけはどれか。

　　学生時代，私はボランティア活動に従事してきました。介護施設で高齢者の話し相手をするなどして，高齢者の孤独感を和らげることに努めました。そのとき，私が注意したのは，単に相手の話に相槌を打つだけでなく，そのポイントを理解し，相手の話をさらに広げてあげることでした。そうすることで，高齢者から，次から次へと面白い話を聞くことができました。
　　また，養護施設で，子どもを相手に本を読んであげるなどのボランティアも行いました。子どもの反応をみながら，読む速度を調整しました。その際，子どもの関心を惹くために，声にメリハリをつけました。
　　1．私はボランティア精神に満ちている。
　　2．私はコミュニケーション能力がある。
　　3．私は弱者に対して思いやりがある。
　　4．私は聞き上手である。
　　5．私には声優の素養がある。

　1は話の枕にのみ関係し，話の本筋ではない。5は後半のエピソード，4は前半のエピソードにしか対応していない。3はやや一般化しすぎている。弱者への思いやりよりも，そのためにした工夫の方がこの話のポイントになっている。2のコミュニケーション能力がある，が妥当であろう。

問題7 以下の主張を裏づけるのに1番ふさわしいエピソードはどれであるか。
　　・主張：私には交渉力がある。
　　　1．私は，学園祭の実行委員に選ばれたとき，自分の任務を全力で遂行した。学園祭を成功させるために，何度も仲間の実行委員と議論を重ねた。この年度の実行委員は自己主張の強い者たちが多く，お互いに譲らず，徹夜になることもあった。それでも，最終的な意見の一致をみたときには，大いなる満足感を得た。
　　　2．私は，関東の大学合同のダンスフェスティバルの実行委員に選ばれた。各大学の実行委員と緊密に連絡を取り合った。そして，進捗状

況などをその都度確認した。週に1度の各大学の委員が一同に会する会合では，各委員が異なる大学を代表していて，校風などの相違からしばしば意見が衝突した。そこで，私は和やかなムード作りに努めた。また，互いのいい分をできる限り通そうと，彼らの意見を調整した。
3．大学時代，私は，小学校の相談員のボランティアを行っていた。いじめから勉強のことまで，小学生からさまざまな相談を受けた。まず，子どもたちが話しやすい雰囲気づくりが必要であると考え，相談室に積木をおいたり，小動物のペットも飼育したりした。それらで子どもたちがなごむし，共通の話題もできるからだ。結果として，子どもたちは私に心を開き，積極的に話しかけてくれて，彼らの悩みを詳細に聴くことができ，それらにうまく対処することができた。
4．私はよく友達や後輩に相談を持ちかけられる。なぜなら，私は相手の話を聴くのが上手いからである。相手の意見を一方的に否定するのではなく，まずは相手のいい分を徹底的に聴き，一定の共感を示したあとで，相手の問題点を指摘するのだ。そうすると，相手に必ず納得してもらえた。
5．当初学園祭の予算を任された私は，予算が不足している現状に直面した。そこで，私は，50件以上もある大学近辺の飲食店に直接出向き，広告料を支払ってパンフレットに広告を載せてもらえるようお願いした。学園祭には多くの人々が訪れるので，広告の効果が大きいと訴えたのだ。ほとんどの飲食店がこれに賛同し，多額の広告収入を得ることができた。それによって予算不足が解消された。また，これまで以上に集客力が上がったと多くの飲食店から感謝された。

5.2　議論・主張の評価・批判

　ここでは，主張や議論の評価の仕方について解説したい。評価の際には，批判という作業が中心になるので，批判に的を絞って解説していく。

批判には、①議論の批判と②主張の批判の2通りある。これらはしばしば混同されるが、議論全体の批判とその結論部分に当たる主張の批判は、区別すべきである。議論としてはよいが、あとで主張が偽であることが判明するということは往々にしてある。逆に、主張そのものは妥当であるが、それを導く議論が不適切である、ということもよくある。

先に述べた、議論の正当性を測る基準をここでもう一度参照してみよう。
- **基準A**：根拠が信頼に足るものであるかどうか。
- **基準B**：根拠が主張をきちんとサポートしているかどうか。

これらに対応して議論の批判は次の2通りに分かれる。
- **批判A**：根拠が偽である。あるいは信憑性に乏しい。
- **批判B**：根拠が主張をサポートしていない。根拠と主張に何の関連性もない。また、逆に根拠が主張を反証している。

議論の正しさにとって、主張自体の正当性は何の役割も果たさないことに注意してもらいたい。そもそも議論の目的は、まだ正しいかどうか知られていない主張を、正しいとして論証する、相手に受け容れさせることにある。だから、すでに事実として知られている結論を議論することに全く意味はない。もちろん、最初から偽であると分かっている主張を議論するのはなおさら無意味だ。つまり、主張を批判しても、議論を批判したことにはならない。

逆に、議論を批判しても、主張の直接的な批判にはならない。もちろん、主張を支えるはずの議論が反駁されれば、その分主張の説得力も下がることにはなる。この点についてはのちほど触れる。

5.2.1 主張の批判

ここでは、議論全体ではなく、単独の主張に対する批判について説明するが、事実型の主張と提案型の主張に絞って解説していきたい。評価型の主張は、提案型の主張に含め、独立には取り上げないことにする。美的判断などは主観性が強く、そもそも批判のしようがない。

1 事実型の主張

事実型の主張については、それが事実かどうかという点が、主張の正しさを吟味する場合の唯一の論点であった。したがって、主張の批判の方法としては、

以下の1点だけが考えられる。条件文型の命題（因果関係を述べる文はその一例）とそれ以外の事実型の命題に分けて考える。

まず，**主張への反例や反証を挙げる**というのがある。事実型の命題についていえば，例えば，凶悪犯罪の件数が増えているという命題を否定するには，凶悪犯罪の件数が増えていないという統計データを提示することが反証に当たる。

次に，因果関係であるが，因果関係を条件命題として考えた場合，原因が成り立っているのに，結果が出てこないことが，因果関係に対する反例となる。ただし，因果関係の主張の場合は，この他にも批判の仕方がある。すなわち，**関連性を否定する**という方法だ。これは，説明されるべき事柄（結果）と，説明のために持ち出された事柄（原因）がともに現実に生じている場合に，有効である。それらが同時にあるいは継続して生起しているのは，①単なる偶然である，②それらに共通の原因がある，などと説明するわけである。この関連性に対する有力な批判としては以下のものが挙げられる。ある事象について，すでに原因としてある別の事象が与えられている場合，**他に有力な原因がないか，もっとよい説明がないか**を考えるのが大きなポイントとなる。この点を確認するために，以下の例題を解いてみよう。

例題15 次の文章を読み，以下の1～5のうち，そこで述べられている内容が正しいとした場合に，上の推論に対する有効な批判の根拠となるものはどれか。最も適当なものを1つ選べ。

　新聞（全国紙）の死亡欄に掲載された物故者について，ある人が死亡年齢の職業別統計（かつてその職業についていた者も含む）を取ったところ，宗教家・政治家・医師は平均死亡年齢が高く，小説家・芸術家・詩人は平均死亡年齢が低いという結果が得られた。この結果から，別の人が，「宗教家・政治家・医師は長生きし，小説家・芸術家・詩人は早死にする」と推論した。

1. 小説家・芸術家・詩人は，新聞に原稿を書く機会が多く名前が売れているので，宗教家・政治家・医師と比べて新聞の死亡欄に載りやすい。
2. 小説家・芸術家・詩人の平均労働時間は，宗教家・政治家・医師の

平均労働時間よりも長く，体力を消耗しやすい。
3．小説家・芸術家・詩人は，死亡欄に載り得るほどの著名人に若くしてなることが少なくないが，宗教家・政治家・医師には，そのようなことは滅多にない。
4．小説家・芸術家・詩人に比べ，宗教家・政治家・医師は健康で体力がなければその仕事を続けることができない。
5．新聞は，文化面よりも社会面を重視する傾向があるので，小説家・芸術家・詩人に比べ，宗教家・政治家・医師は死亡欄で取り上げられることが多い。

上の文章の推論よりも，もっとよい説明を探す問題である。本来，因果関係を否定するには，原因から結果が必ずしも出てこないことを示すのが有効である。ただし，今の場合，それほど厳密な因果関係が述べられているわけではない。単に統計上の傾向を述べているだけだ。

したがって，宗教家・政治家・医師よりも長生きした小説家・芸術家・詩人の例（一般法則に対する反例）を挙げてもあまり意味がない。ただの例外として片づけられてしまう。もちろん，多くの反例が提示できれば，それは有力な批判となる。

例題の文章は，データに基づいて上記の仮説を立てている。与えられたデータを説明する他の有力な仮説を立てるのが，この場合の適切な批判である。1も5も，母集団の数そのものに関する指摘で，平均死亡年齢についての指摘にはなっていない。2と4は，上記の主張をむしろ根拠づけてしまっている。3は，その死亡欄の特殊性から別の仮説を立て，同じデータを説明してみせている。その仮説は，新聞の死亡欄という特殊なサンプルからデータをとったため，統計に偏りが出たことを間接的に指摘している。実際，この仮説の方がリーズナブルであり，有力な反論である。正解は3である。

問題8　次の主張を批判せよ。
　　　　暴力事件で摘発された少年の多くは，暴力シーンが満載のテレビゲームを好んでしていた，というデータがある。したがって，テレビゲームが，少年の暴力的な性向を誘発していると結論できる。

問題9　次の対話文を読み，□□□に入るA子の発言として，因果関係に言及しながらB子の発言を最も適切に批判しているといえるものを，以下の1〜5のうちから1つ選べ。

A子：私最近食べすぎで少し太ったみたい。何かいいダイエット方法ないかしら。

B子：あるわよ。

A子：ねえ，どんなダイエット？　教えて。

B子：D社が開発した，食べながらやせるダイエットなの。1日3回の食事はすべてそのダイエット食品を食べることになるの。その食品に脂肪を減らす成分が入っているのよ。減量に苦しむボクサーのために開発したものを一般向けに販売したらしいの。これでやせたっていう報告例もたくさんあるし。私も半年前から試しているけど，結構効果があるわよ。

A子：他には食べないの？

B子：まあ，つき合いとかで普通の食事を取ることもたまにあるけど，基本的には，そのダイエット食品だけね。量が少なめだから，おなかが空いたら水を飲んでいるわ。

A子：他には何もしなくていいの？

B子：そうね，その食品の効果を高めるために毎日一定の運動をしなければならないの。もともとボクサー用に開発されたっていったでしょ。これが少しつらいわね。だからA子のような怠け者にはちょっと向いていないかもね。もちろん，あとは何も特別なことはしなくてもいいわよ。

A子：でも，□□□。

1．その報告例というのも，でっち上げなんじゃない。
2．B子ってもともとそんなに太っていなかったでしょ。
3．そのダイエット法って，すべての人が実行できるわけじゃないよね。やっぱり私には無理かもね。
4．それって，食事量を控えめにして，一定の運動をしていればやせるっていうだけの話じゃないの。

5．その脂肪を減らす成分って，体に悪くないの？ 健康を犠牲にしてまでやせなくてもいいわ。

2 提案型の主張の批判

同様に提案型の主張に対しても，提案について挙げた論点がそのまま提案への反証に対応する。ただこちらの場合は，論点が3つある。
（1）提案が目的にとって効果的でない。
（2）提案が不都合な事態を生じさせる。
（3）提案が実現困難である。

といった具合である。実際は，以上の反証ポイントのうち，1つあるいはそれ以上を組み合わせることになる。そうすることで，議論に厚みを持たせるのだ。

例題17 2009年に，裁判員制度が本格的に開始される。裁判員制度とは，重大事件に限って，一般市民から選ばれた裁判員と専門の裁判官の合議制によって，判決を下すものである。これによって，司法の民主化を図る。司法を一般市民により身近なものとし，市民の感覚からかけ離れた裁判を減らすのが主な目的だ。裁判員制度に対して，以下の5つの批判はどの論点からの批判であるか。説明せよ。
1．裁判員制度を実施する場合，裁判員の日当や宿泊費など多くの費用がかかる。
2．裁判に，法の素人が加わることにより，誤った判決が多発することになる。
3．裁判員制度は，討論ではなく，談合によって合意に達しようとする日本人の思想風土とは合わない。
4．凶悪事件の裁判に参加した裁判員がPTSDを発症するなど，裁判員の心理的負担が懸念される。
5．たとえ，市民が裁判に参加したとしても，検事や弁護士など法の専門家に誘導されてしまい，市民の感覚を判決に反映させることができない。

解答：1と3は実現可能性の論点からの批判である。2と4は，デメリットの論

点からの批判である．5は，目的への有効性の論点からの批判である．

問題10 未成年のタバコの購入を防ぐために，TASPO が導入された．これがなければ，自動販売機でタバコを買うことができない．以下の3つの批判はどの論点からなされたものであるか．
（1）TASPO を導入するには，自動販売機を TASPO 対応のものに替えなければならず，そのための費用がかさむ．
（2）TASPO を導入しても，未成年はコンビニでタバコを買うか，知り合いの大人に頼んでタバコを買ってもらうだけの話である．
（3）成人の喫煙者は TASPO がないと，自動販売機でタバコが買えなくなり，不便である．

5.2.2 議論の批判

次に議論の批判についてみていこう．議論の批判は因果関係の主張の批判と重なる面もある．どちらも関連性の否定がその主眼点の1つとなっているからだ．第4章の十分条件と必要条件の取り違えのように，形式論理上の欠陥を指摘するというのも有効だ．また，演繹的推論としては妥当でも，議論としては適切ではないということもよくある．形式的妥当性に惑わされて，議論の中身を吟味することを怠らないようにしたい．

例題18 以下の議論を批判せよ．ただし，ここで参照されているデータそのものは妥当であると仮定する．
　　40～50代の中年男女に間にメタボリック症候群が広まっていることを受けて，厚生労働省が対策に乗り出した．メタボリック症候群は，将来，心筋梗塞や脳卒中などの重病を発症すると指摘されている．しかし，私はこれへの対策は必要ないと考える．実際，高齢者はメタボリック症候群に罹っている人の割合が，中高年の割合に比べてはるかに低い．これは，<u>高齢者になれば，若いときに比べて，食物摂取量が極端に落ち，適性体重に落ち着く</u>ことによる．よって，メタボリック症候群は自然に解消されるのだ．

一見説得力があるようで,「穴」のある議論である。いろいろな批判が考えられるが,最も本質的な批判は,下線部よりも,もっと有力な説明をみつけることである。一例としては,メタボリック症候群に罹った中高年は,心臓病や脳卒中に罹りやすいから,早死にする,といった説明が有力であろう。こちらの方が分かりやすい。これはもちろん,因果関係の主張の批判として理解してもよい。

・解答例：メタボリック症候群に罹った中高年は,そこから発症する病気のために長生きできず,高齢者になる前に死亡してしまう。したがって,中高年期に引き続き,メタボリック症候群に罹る高齢者が少なくなる。

他の種類の議論の批判もみていこう。

例題19　金持ちになるには,株で儲けるか,宝くじで当てるしかない。しかし,君は株も買わないし,宝くじも買わない。よって君は金持ちにはなれない。

　この議論は形式的推論としては妥当である。しかし,議論としてみた場合,欠陥がある。特に,最初の前提「金持ちになるには,株で儲けるか,宝くじで当てるしかない」が疑わしい。他にも金持ちになる選択肢があるはずである。例えば,一生懸命働いてたくさん稼ぐとか,会社を経営するというのもある。前提に誤りがあれば,議論は全体としては正しくない。

例題20　高卒だと,採用してくれる企業は少ない。大学を卒業しても,就職口をみつけるのは難しい。高校を卒業して就職するか,あるいは,大学を卒業して就職するかである。したがって,就職するのは難しい。

　これは,いわゆるジレンマの推論である。どちらの選択肢をとっても,不都合な結論が出てくるといった趣旨の推論である。もちろん,演繹的推論としては場合分け推論に相当し,形式的に妥当である。しかし,議論としては間違い,ということもある。例えば今の推論だと,専門学校に行って手に職をつけるとか,大学院にいって専門的な技術を習得するとか,他の選択肢も存在し,不都合な結論が出てこないということだってある。選択肢を狭めていた議論の前提が間違っているのである。ジレンマにある選択肢をジレンマの角と呼ぶ。この批判は,ジレンマの角をすり抜けるという批判の仕方である。

例題21 以下の議論を批判せよ。
（1）これまで，理系出身者のうち女性が占める割合が大変小さかった。したがって，女性は科学的な思考に適性がない。
（2）未成年のタバコの購入を防ぐために，TASPOが導入された。TASPOがなければ，自動販売機でタバコを買うことができない。TASPOを手に入れるためには手続きが面倒であり，それを忘れると自動販売機ではタバコが買えず，タバコを買う機会を失ってしまう。したがって，TASPOには成人の喫煙率低下の効果もある。

　（1）からみていこう。これは，歴史上，女性に対する根強い社会的偏見のため，女性の理系志願者が少なかったというだけで，女性の科学的思考力のなさを示している証拠にはならない。サンプリングの偏りといってもよい。今の場合，過去のデータだけから結論を出すのは不公平である。
　（2）であるが，自動販売機で買えないというだけの話で，コンビニエンスストアで購入することができるので，そのような効果はない。他の可能性を考慮に入れていない議論である。

問題11 以下の議論を批判せよ。
（1）古来より日本人は，神々を敬愛することを通して，目上の人を敬う精神を養ってきた。神々を愛することで，自分より偉大な存在に対する敬意の念が生じてくるのだ。しかし，昨今の青少年には目上の人を敬う精神が欠けている。宗教教育を実施しないと，青少年は目上の人を敬う精神を身につけない。
　ヒント：4.1.2をもう一度参照してもらいたい。
（2）ダイエットをするには，運動療法と食事療法の2つがある。たくさん運動すれば，お腹が空き，ご飯をたくさん食べることになり，ダイエットの効果がなくなる。食事療法をすると，好きなご飯が食べられなくなり，ストレスが溜まり，ダイエットが続かなくなる。いずれの方法でもダイエットの効果はない。よって，ダイエットをしても無駄である。
　ヒント：ジレンマには2つの条件命題があるが，その条件命題を批判してもよい。これをジレンマの角を押さえる方法と呼ぶ。

これまで，批判や反論の正しいやりかたをみてきたが，最後に，不適切な反論について簡単にみておこう。反論や批判が不適切になるにはさまざまな場合がある。例えば，相手の主張を批判するために引き合いに出した論拠に誤りがあれば，その批判は不適切である。また，たとえ論拠そのものに誤りがなかったとしても，相手の論点を的確にとらえていない反論は不適切である。さらに，相手の主張と矛盾しない反論はそもそも反論にもなっていない。相手の主張と矛盾することが，反論としての必須要件である。

例題22　1〜5のうち，次のA氏の発言に対する反論として，適切でないものを1つ選びなさい。

　　A氏：学校での勉強を一生懸命して一流企業に入っても，一流企業もつぶれる時代である。このことをみて勉強しなくなった最近の子どもたちには，そのような勉強ではなく，やり甲斐のある仕事を自分でみつけられるような経験，体験をさせるべきだ。

　1．子どもが体験できる身の回りの世界における経験だけでは，今日の高度化した社会での生き方を判断できないからこそ，学校で勉強する必要がある。
　2．学校での勉強を一生懸命しても一流企業に入れるとは限らない。
　3．学校で勉強して能力をつけなければ，やり甲斐のある仕事をみつけられないし，その仕事につけない。
　4．やり甲斐のある仕事をみつけられるような経験，体験を子どもにさせるのは難しい。
　5．今も昔も，子どもは一流企業に入るためにだけ学校で勉強しているわけではない。

（日弁連2007年実施法科大学院適性試験第1部問題12）

この問題にある主張を整理しておく。
・主張：学校での勉強ではなく，やり甲斐のある仕事を自分でみつけられるような経験，体験をさせるべきだ。

これは，提案型の主張になっているが，その根拠は以下の通りである。
・根拠：学校の勉強を一生懸命やって一流企業に就職しても，将来の保証がない

ことをみた子どもたちが，学校の勉強へのモチベーションを失っている。

設問でいわれている「反論」は，主張に対する反論としても議論に対する反論としてもとらえることができる。いずれの意味でも反論になっていない選択肢を選ぶという趣旨の問題である。

1は，主張そのものを批判している。やり甲斐のある仕事を自分でみつけられるような経験だけでは不十分で，それを補うために学校の勉強が必要だと述べている。2は，議論の前提を否定しているだけで，A氏の主張や議論を批判していない。A氏は，たとえ一流企業に就職しても，将来の保証がないということを指摘しているのであって，学校の勉強を一生懸命すれば一流企業に就職できる，ということまで主張しているのではない。それどころか，学校の勉強の有意性を否定しており，逆にA氏の主張を裏づけてしまっている。したがって，正解は2である。3は，そのような経験を身につけさせるには学校の勉強が必要だと，学校の勉強がそのような経験を得るための前提になっているとしている。したがって，学校の勉強の有意性を論じているので，主張そのものの反論になっている。4は提案の実現可能性について言及している。たとえ，そのような経験が有用であっても，実現させることができなければ意味がない，ということだ。5は，議論そのものを批判している。もちろん5を主張しながら，A氏の主張を受け容れることは十分可能である。一流企業に入るという目的には学校の勉強は合わないかもしれないが，他の目的にとって，学校の勉強が適切であると主張しても論理的に矛盾しない。したがって，主張そのものへの反論ではない。

問題12 次の主張に対する反論はどのような意味で不適切か。

・主張：大学ではおおいに勉強すべきである。いろいろな見識を広げたり，深めたりすることで，将来の進路の選択肢が大きく広がるし，進路の決断のための大きな糧となる。たとえ，大学で学んだ知識が直接実社会では役に立たないとしても，その知識を獲得するに至るまでの知的格闘の経験は，実社会での問題解決のプロセスに大きく役立つはずである。

・反論：大学でたくさん勉強して，大学で優秀な学業成績をおさめたところで，企業は評価してくれない。それよりも，先輩のいる企業を

訪問するなどして、コネ作りや根回しをすべきである。

5.2.3 詭弁に対処するには——誤謬推論

　議論の中で「上手く丸め込まれた」という経験を持つ人も多いのではないか。もっともらしい印象を与えるが、議論としては欠陥がある、むしろ、議論として欠陥があることでその効果を発揮するのが詭弁である。あるいは自分でも詭弁であることに気づかずに、使用していることもある。相手方の詭弁を指摘し、これに対処する方法を解説したい。

1 論点のすり替え

　日常よくみられる詭弁は、論点のすり替えによるものである。これには、本当の問題から目をそらす意図がある。もっともらしい一般論でごまかすというのが、論点のすり替えの典型例であろう。

例題23 以下の議論を批判せよ。

　　　胎児は、自己意識を備えていない。中絶は、まだ人格としての要件を満たしていない胎児の命を絶つだけだから、殺人とはいえない。一般に、人格のない動物を殺したとしても、殺人罪に問うことはできない。せいぜい動物愛護法に問われるだけである。

　この議論は、胎児→動物といった単純な一般化をしていて、胎児という特殊性が考慮されていない。胎児は、人間になり得る存在であるから、単なる動物として片づけてしまうわけにはいかない。この特殊事情こそ肝心なポイントなのに、そこをわざと無視してしまう。議論の飛躍がみられる（もちろん、中絶の正当性自体、十分議論の余地のあるテーマである。また、このような一般化が理論的に可能かどうか、生命倫理では真剣な議論もある。だから、先の議論を詭弁として単純に切り捨ててしまうわけにはいかない）。

例題24 以下の対話の問題点を指摘せよ。

（1）Ａ：ボランティアの義務化は優れた提案だ。これによって、他者への奉仕の精神が芽生える。今の青少年のモラル低下を解決することができる。

　　Ｂ：しかし、ボランティアを強制されると、自主性というボランティアの本

来の精神が失われるよ。自主的でないと，他者への奉仕の気持ちだって生まれてくるわけがない。
　　　A：それでも，ボランティア活動には高齢者介護も含まれるから，介護の現場での人手不足が解消できるじゃないか。
（2）A：そこは駐輪区域でないから，違法駐輪だ。はやく自転車をどかしてくれ。
　　　B：自分が悪いのではない。十分駐輪スペースを確保できていない行政の責任である。

　（1）ではAの2つの見解の間に論点のすり替えが生じている。最初，Aはボランティアの義務化の本来のメリットである精神的メリットを論じていたはずなのに，Bの反論のあとで，今度は実務上のメリットへと話をすり替えている。Bの反論に答えていないのだ。
　（2）は問題のすり替えである。本当は，違法駐輪をしている人間のモラルや意識が問題なのに，行政上の問題にすり替えようとしている。実際，この種の論点のすり替えはよくみられる。子どものいいわけが典型例だ。これに対しては，例えば，「たとえ行政上の問題があったとしても，現段階では，指定された駐輪スペースに駐輪すべきである。法は法として遵守し，その上で，自治体などに苦情をいえばよいのである」と答えるのが有効である。つまり，論点のすり替えに対しては，そのすり替えを指摘し，もとの論点に戻してやるのが最も効果的である。

2 多義性の虚偽（fallacy of equivocation）

　また，曖昧な言葉を使って論点をそらすやり方もある。

例題25　君が代を斉唱することは，愛国心を示すこと<u>である</u>。したがって，君が代を斉唱しないのは，愛国心の欠如である。

　文中の「である」に注目してもらいたい。「である」には，「麻生は国会議員<u>である</u>。」という，性質や帰属をあらわす意味と，「向こうから歩いてくるのが田中<u>である</u>。」という同一性をあらわす意味の2つがある。たしかに，君が代を斉唱することは，愛国心を示す手段の1つではあるが，同じことではない。他にも，外国人に日本の特徴や歴史を説明してやるなどさまざまな手段がある。
　このように，言葉の多義性を悪用した推論上の誤りは，多義性の虚偽（fallacy of

equivocation）と呼ばれている。そのようなミスリーディングな相手の言葉使いにまんまと乗せられてはならない。相手の土俵で戦うことになり、最初から不利である。そこで、相手に言葉の定義を確認させるのが有効である。もし、相手がわざと言葉を曖昧に使っているならば、それを指摘してやるのもよい。

3 論点先取（beg the question）

　形式的推論としては妥当であっても、実際の推論としては意味をなさないものがある。次の議論をみてみよう。

例題26　キリストは自分が神の子であるといっている。神の子のいうことはすべて正しい。よって、キリストは神の子である。

　キリストが神の子でないことを示す歴史的証拠をいくら積み上げたところで、この議論を批判したことにはならない。論者は、キリストが神の子であるといっているのだから、キリストは神の子なのだ、といい返すだけである。

　この議論を反駁するにはどうすればよいか。それには、議論そのものに内在する論理的欠陥を指摘するのがよいであろう。今の場合、問題になっているのは最初の前提である。自分が神の子であるというキリストの発言が正しいのは、キリストが神の子であるときに限る。すると、最初の前提の中に結論がすでに含まれていることになる。結論を証明せず、最初から正しいと仮定してしまっている。論点先取（beg the question）という有名な誤謬推論の例である。たしかに、形式推論としてみれば妥当である。「AならばA（同一律という）」の形式である。しかし、証明したい結論はAなのに、Aそのものを仮定してしまっては何にもならない。

例題27　コーヒーの中には眠気を覚ます成分が入っている。よってコーヒーを飲めば、眠気が覚める。

　この例も論点先取といってよいであろう。むしろ、われわれは、眠気を覚ます成分が何であるかを知りたいのである。

例題28　中絶は、現在自由意志を持たないが、将来人として成長することが見込まれる胎児を殺すことである。よって、中絶は殺人であり、自由意志で活動

できない者の生命を絶つ積極的安楽死と同じである。積極的安楽死は日本では刑法で罪に当たる。よって，中絶も刑法で裁くべきだ。

これも，下線部のようにいわゆる論点先取といったミスも犯している。「生命を終わらせる」とかニュートラルな言葉遣いにすべきである。殺すといった言葉を使って，感情に訴えようとしているのもフェアではない。

問題13　次の議論あるいは文章はどのような誤謬を犯しているか。
（1）宗教の本質は非合理性にある。神が存在するという命題など実証することなどできない。しかし，宗教は，これを信じろと命じるのだ。このように宗教は理屈に合わないことを要求し，しばしば抑圧的な性質を帯びてきた。
（2）この本は頭脳開発の目的で書かれたものであり，これを読めば必ず頭がよくなる。ただし，この本は難易度が高く，頭のいい人だけしか読むことができない。
（3）インターネットは，酒やタバコと同様，さまざまな刺激を含んでいて，子どもにとって有害である。よって，子どもがインターネットを閲覧するのを禁止するべきだ。

その他の誤謬推論についても例題を通して簡単にみていこう。

例題29　以下の文章を読んで，この推論を最も強く反駁する論理構成を持っているエピソードを次の選択肢の中から選べ。
　　　　山というのはいつみても美しい。だから，きっと山を構成している木々やその葉，あるいは山肌などもすべて美しいに違いない。
　　1．Ｊリーグの上位ではない１チームとその他のチームから強い選手だけを選抜して結成されたオールスターチームと試合をやったが，結果は，前者の圧勝であった。
　　2．アメリカでは，肥満に対する風当たりが強いが，これはむしろアメリカ人に肥満者が増えてきて，アメリカ全体がこの傾向に危機感を覚えるようになったことのあらわれである。
　　3．今年の夏の甲子園で優勝したチームの中から，プロ野球のドラフト

会議で上位指名された選手は1人もいなかった。

4．みかん1箱の中の1つを試食してみたらとてもうまかったので，みかん1箱を全部買った。ところが，残りのみかんは全部まずかった。

5．99％の日本人は，アルコールを分解する酵素を体内で作り出すことができない。A氏についてもそうであろうと誰もが予想したが，検査の結果，彼はそのような酵素を自分の体内で作りだすことができた。

問題文の推論は，全体の性質を部分もまた有すると推論する誤謬，すなわち**分解の虚偽**を犯している。つまり山は全体として美しいのであって，それの部分である木々や葉は実際は虫などに食われていてきれいでないということもある。1は，これとは逆の誤謬推論，全体の各部分の性質だけから全体の性質を推理するという**合成の虚偽**を犯している。2は，アメリカでは肥満に対する批判が強いということから，アメリカでは肥満が少数派であると予想されるが，その事実はむしろこの予想とは逆のことを示しているという例で，問題文とは全く無関係である。3は，甲子園で優勝するなどチーム全体としては優秀だからといって，その構成員であるプレイヤーも優秀であるとは限らないというエピソードである。つまり，チームの個々のプレイヤーの能力は平凡でありながら，チームワークが大変優れていたから，優勝できたということもある。これは，分解の虚偽を指摘している。したがって，3が正解である。4は，限られたサンプルの性質から全体の性質を推論する帰納的推論がうまくいかなかった例にすぎない。5は，ある集団の大多数が与えられた性質を満たしているという前提から，どの成員もかなりの確率で，その性質を有しているに違いないと結論する統計的推論に対する反例で，問題文の推論とは直接関係ない。

問題14 次のダイエット広告の文章には論理的誤りがある。1～5のうち，その誤りを最も的確に説明しているものを1つ選びなさい。

当社の新製品，ごっちゃんダイエットを服用していただいた結果，飲みはじめてから2週間で，95 kgの女性が15 kgの減量に成功しました。また，80 kgの女性は，1ヶ月飲み続けた結果，10 kgもやせました。さらに，70 kgの女性は2週間で，7 kgの減量を達成しました。したがって，

ごっちゃんダイエットを 2 ヶ月近くお飲みになれば，95 kg の方ですと，なんと 63 kg まで体重を落とすことができます。なお，ごっちゃんダイエットは，食前 3 回水と一緒に服用してください。これであなたも素敵に生まれ変わります。

1. 当製品を服用することによって，通常量の食事が取れない可能性を無視している。
2. 広告が言及している 3 人の女性が同一人物とは限らない。
3. これらの女性が他のダイエット方法を試している可能性を無視している。
4. どの 3 人についても，言及された期間内で体重がどのように推移していったかが明示されていない。
5. 広告文で言及されているデータが本当かどうか疑わしい。

5.3 対話における論理——再反論の構成

　議論は複数の人間の間で，敵と味方に分かれて交わされる。論述の場合でも，かならず仮想敵を想定しながら，議論を構成する必要がある。欧米ではこのような議論の構成が標準的になっている。議論や討論の相手に反論されても，答えられず，相手の反論を受け容れるだけでは話にならない。自分の主張を擁護する必要がある。相手に反論されたら，必ずそれに答え，相手の反論を逆にねじ伏せるべきだ。再反論の姿勢は欠かせない。

　さらに，反論—再反論という視点を取り込むことで，議論は厚みを増してくる。自身の論を展開するためにも，対話の相手を想定した議論が重要になる。

　いわゆる対話型の議論は，

　　立論（主張）— 反論 1 — 再反論 1 — 反論 2 — 再反論 2 ……

といった形で進められていく。この場合，相手の議論に対してどう論理的に対応するか，ということがポイントになってくる。相手方の反論に応じて，有効な再反論を提示するためにも，相手の反論がどのような論点からなされているかを正確に把握することが必要だ。同時に，自分がどのような論点から相手の主張に反論しているのか，自覚しておくべきだ。

5.3.1 事実型の議論

まずは，事実型の議論を取り上げよう。

例題30 次の対話を読んで，A，Bそれぞれの反論は，どのような論点からなされたものであるか答えよ。

　　A：株価も上がっていることだし，日本の景気は回復傾向にあるな。

　　B：いや，そんなことはないよ。物価も上がっているし。円高もあるしね。

　　A：株価の上昇の方が景気を判断する際には重要だよ。物価が上がれば，不景気になるわけでもないし。

　　B：株価の上昇は，過剰な投資熱によって煽られた一時的なものさ。またすぐに下落するさ。

AとBは，日本の景気が回復傾向にある，というAの主張をめぐって議論を闘わせている。1番目のBの反論は，Aの命題そのものに対する反証を述べたものである。すなわち，Aの主張の否定に対する根拠を挙げている。これに対して，Aは，Bの挙げた証拠が反証になっていないと，Bに再反論を与えている。2番目のBの反論は，Aが株価の上昇が景気にとって重要であるということを否定するものであり，これも再反論となっている。

例題31 次の対話を読んで，A，Bそれぞれの反論は，どのような論点からなされたものであるか答えよ。

　　A：ゆとり教育が日本の教育をだめにしたね。やはり一定量のカリキュラムをこなさないと，これからの日本の学生の学力は一層低下していくね。しかるべき知識を子どもたちに与えたあとで，子どもたちに考える力を養ってもらうべきだ。知識がなければ考えることさえできないんだから。

　　B：いや，必ずしもそうとはいえないよ。北欧のある国では，ゆとり教育で学力向上を達成したという話もあるし。

　　A：でも，それは週休2日制にしたというだけで，1週間の授業数全体を考えると，ゆとり教育とはいえないね。しかも，基礎科目の授業時数は，むしろ日本よりも多いくらいだし。週休2日制だからゆとり教育

だということには必ずしもならないよ。

　B：学力低下は，最近の子どもたちの生育環境にも原因があると思うよ。朝食を摂らない子どもたちが増えてきて，その子どもたちの学力がきちんと朝食を摂ってくる子どもたちの学力に比べて低いというデータも出ているし。また，最近はパソコンが普及し，計算や読み書きができない子どもも多いよね。みんなパソコンがやってくれるからね。むしろ，ゆとり教育よりこれらの方が学力低下の主な要因といえるね。

　ここでの主張は以下の条件命題である。

ゆとり教育 → 学力低下

　この条件命題は，前件と後件の間の因果関係を主張している。この条件命題に対する反論の仕方としては，何があるか。1つは，条件命題の真理条件に注目することだ。条件命題を否定するには，前件を肯定しながら，後件を否定すればよい。すなわち，前件が成り立っているのに，後件が成り立たないケースを提示するのである。Bの最初の反論がこれに相当する。いわゆる反例の提示である。一方，AのBに対する再反論は，前件そのものを否定することにある。北欧の「ゆとり教育」は日本のゆとり教育と同じではないとし，北欧のケースがAの主張に対する反例でないことを論じている。

　2つ目は，後件に対して他の有力な要因を指摘することだ。今の場合は，ゆとり教育の他に，学力低下を説明する環境要因を指摘することになる。そうすることで，ゆとり教育と学力低下の因果的結びつきを弱めることができる。ただしこれだけでは，ゆとり教育が学力低下の一因であることまで否定したことにはならない。ゆとり教育と子どもの生育環境がともに学力低下の要因として両立し得るからだ。一般に，現実の出来事はさまざまな要因が重なって生じる。1つの要因だけ取り上げて論じても説得力が弱い。

　さらには，学力低下そのものが生じていないとする議論も，日本の教育の実情を考慮するとかなり困難であるが，可能かもしれない。因果関係の主張は，原因とされる事象と結果とされる事象が成り立っていることを前提にしているから，そのどちらかを否定すれば主張そのものが成り立たなくなる。

　実際には，こうした根拠や論点を複数組み合わせて，議論を多面的なものにし，強化することが望ましい。

5.3.2 提案型の議論

次は，提案型の議論である．例題17をもう一度考察してみよう．

例題32

例題17では裁判員制度に対する反論を取り上げたが，これらについてどのような再反論が可能であるか．一例として以下のようなものが考えられるであろう．

1については，出費について，国民や企業の理解を得る努力をする．また，裁判の迅速化などの効率化が得られ，多額の出費を相殺するなどと論じる．2については，今後，司法について一般市民を啓蒙していくと提案する手もある．3については，今後学校教育の中で，ディベートの授業を取り入れることを提案してもよい．4については，精神科医や臨床心理士などをカウンセリングに当たらせるなどと論じることもできる．5については，複数の裁判官を設置することで，1人の裁判官の意見に依存しないよう配慮することができる．実際，裁判員制度では3人の裁判官が配置されている．

提案型の主張の場合，反論は3つの論点からなされる．したがって，再反論を出す場合は，3つの論点を考慮しなければならない．それぞれについて，どの論点からの再反論であるか，自身で考えてみるとよい．

相手の主張や議論に対する反論が論理的であるとはどういうことか，まずは例題を解きながら考えていこう．

例題33 次の会話を読んで，1～5のうち，最後の田中さんの主張に対する鈴木さんの反論として適切でないものを1つ選びなさい．

田中：最近，この街のさまざまな場所で防犯カメラをみかけるようになったね．通り魔的な犯行も多くなってきたし，街を安全に保つためになくてはならないものになってきたよ．

鈴木：でも，この街で誰が何をしているのかをすべて撮られていると思うと，たとえ悪いことをしていなくても気持ちのいいものではないよ．つねに監視されているようだし，誰がどのような目的でみるかも分からないしね．セキュリティも大事だけどプライバシーも大事だよ．

田中：そのようなことは防犯カメラを設置している商店街の人たちがルールを作って，そのルールに基づいて運用しているから問題ないはずだよ。だいたい公道での行動だから撮られたとしても，公道で他の人にみられるのと同じじゃないの？
1．公道とはいえプライバシーを放棄しているわけではない。
2．カメラによって記録が残るものと，他人にみられただけで記録に残らないものでは意味が大きく異なる。
3．商店街の人たちがルールを破ったときの罰則が明確でない。
4．商店街の人たちのルールが守られる保証はない。
5．ATMにある防犯カメラもプライバシーの侵害になるので問題になる。 （日弁連2004年実施法科大学院適性試験第1部問題7）

　この問題文の2人は，防犯カメラの設置から生じるメリットとデメリット，セキュリティvs.プライバシーの侵害，という対立論点で議論しているのだ。防犯カメラの設置に賛成の立場の田中さんは，セキュリティを重視し，防犯カメラの設置に反対の立場の鈴木さんは，プライバシーの侵害を強調する。彼らは，防犯カメラがセキュリティに対して一定の効果があるということで同意している。鈴木さんの反論を受けて，田中さんは，①プライバシーの侵害というデメリットを防ぐための副次案を提案し，また，②公道ではそのデメリットなど存在しないことを論じている。これが再反論である。

　鈴木さんの側からすれば，上の田中さんの再反論を受けて，①そのような副次案が機能しないこと，あるいは，②公道でもプライバシーの侵害は成り立つことを議論するのが本筋である。1，2は，②の観点からの再再反論であり，3，4は，①の観点からの再再反論である。5は，田中さんの再反論に答えておらず，これが正解となる。

　ここでいう「論理的」であるというのは，お互いの発言がかみ合っているということである。もちろん，自分の中の異なる発言が矛盾してはいけないが，対立しているのだから，2人の発言が矛盾しているのは当然だ。また，対話型の議論がかみ合うためには，相手の直前の反論に答えるのが自然である。この点で，5は田中さんの2番目ではなく，1番目の主張への反論なので，その主張のすぐあとの鈴木さんの反論にまとめてしまった方がより論理的である。

まとめると，以下のようになる。
・相手の反論の論点を的確に押さえよ。
・自分の見解は首尾一貫させよ。
・相手の反論には直ちに答えよ。

以上のポイントは，提案に賛成か反対かを議論する場合には決定的な役割を果たす。賛成意見の側から議論を展開する場合，以下のような流れになるであろう。
・賛成側：賛成の根拠としては，もっぱら提案の有効性を論じることになる。
・反対側：反対の根拠は以下の３つに分けられる。
（１）有効性：賛成の根拠そのものの妥当性を否定する。その提案で狙いの効果が出てこないことを論じる。
（２）デメリット：メリットよりもデメリットの方が大きいことを論じる。
（３）実現可能性：提案を実現する際の前提条件が整備されていないことを指摘する。

目的の有意性について賛成の論者に同意するのであれば，提案に対する代替案を提示するのが筋だ。問題意識を共有しているのだから，その問題に対して，自分なりの解決を提案すべきだ。

そこで，提案型の反論に対する再反論は以下のようにまとめられる。
（１）反論でなされた議論そのものを反駁する。
（２）デメリットが実際生じないこと，またはデメリットに対処する方法を論じる。または，メリットの方がデメリットよりもはるかに大きいことを論じる。
（３）前提条件が機能するよう，障害を取り除く策を論じる。

そうした上で，今度はこちらの側から代替案に対する反論を展開してもよい。

今の場合，論理的な対応とは，相手の論点を正確に把握し，それに適切に答えるということである。

例えば，反対側が（３）の論点で反論しているのに，賛成側が（１）の論点で切り返すのは論理的ではない。反対側が与えられた提案の実現可能性を否定しているのに，どれだけその提案のメリットを列挙したところで，提案の実現可能性を論証したことにはならず，相手に答えたことにはならないのだ。「なるほど，それにいろいろなメリットがあるのは分かった。でも，それが実現で

きればの話でしょ。要は絵に描いた餅というわけ」といわれるのがオチだ。この点を例題で確認してみよう。

例題34 今，ある提案をめぐってAとBの2人が議論している。この議論の問題点は何か。

　　　　A：今度の学園祭，政治家のC先生に講演してもらおう。政治家のC先生を呼べば，学園祭が大いに盛り上がるだろう。

　　　　B：でも，政治家のC先生は忙しいだろうし，しかもそれだけの大物を呼ぶのにはそれなりの報酬も必要なんじゃない。ただでやってくれるわけないよ。そもそもC先生がうちのようなマイナーな大学にきてくれるはずもないし。

　　　　A：いや，だからこそ，政治家のC先生を呼んで，うちのマイナーなイメージを払拭する狙いもあるんだよ。

　Bの反論に対して，Aの返答は再反論になっていない。BはC先生を呼ぶことが実現不可能である，といい，C先生を呼ぶための前提条件，すなわち予算を問題にしているのだが，Aはこれに答えていない。AはBの後半の論点にもきちんと答えていない。そのため，話が堂々巡りになってしまっている。例えば，せめてAは次のように答えるべきだろう。多少予算をC先生の招待に大きく配分したとしても，多くの人が学園祭にやってくれば，結局採算は合うだろう，といった具合である。

　これまでは，議論における適切な受け答えの仕方を解説してきた。ここで，議論から質疑応答の話に移る。会話における適切な受け答えとは何か。もちろん，自分の発言が全体として首尾一貫しているということはいうまでもない。例えば，アルバイトや就職の面接でよくみかけるが，

　　　A：私はボランティア活動に大変興味があります。
　　　面接官：具体的にどのようなボランティア活動をしてきましたか。
　　　A：いや，全くありません。でも，参加したいとは常々思っていました。

といったような受け答えは，一見自然のようだが，矛盾している。多忙でボランティア活動に参加できないビジネスマンならともかく，時間に余裕のある学

生なら，ボランティア活動に参加する余裕があるはずだ。それでも参加したことがない，と答えるのでは，行動力の欠如を疑われるであろう。これでは，何もアピールしていないばかりか，かえってマイナスイメージを与えてしまう。

さらに，相手の発言や質問の意図に的確に答えているということが必要だ。この点については，5.4.2で確認してもらいたい。

5.4 実践編——論文・面接対策

この節では，理論編で解説してきたことを実際の場面で確認したい。特に，論理が重視されるのは，論文である。実際，ほとんどの論文試験で試されているのは，答案作成者の論理的な論述能力である。

面接においても論理的な受け答えが要求される。論理的な受け答えとは，自分の意見や希望を一方的に述べることではない。相手の要求を的確にとらえ，それに応じた答え方をすることだ。

5.4.1 論文対策——論理的な文章を作成するには

ここでは，理論編のポイントを，実例を通して確認していきたい。大学でレポートを作成したり，就職対策で自己PR文を書いたりする機会がある。大学院に進学すれば，研究論文を書くことが要求される。どのような文章が望ましいか。内容的な「面白さ」は，それなりにアピールするかもしれないが，それだけでは不十分である。やはり，論理的であるということも必要だ。論文作成にはいろいろな技術があるが，ここでは，主に，論理という視点から論文作成法を解説したい。むしろ，ここが論述のテクニックの「コア」な部分なのだ。文章の上手さなどの表面的なテクニックについては他の書籍に譲る。

論文とは自分の主張を述べる文章のことである。これは当たり前のように聞こえるが，実際，この要件を満たしていない「論文」が多いのだ。そのような「論文」は全体を読んでも何がいいたいのかよく分からない。文章の上手い下手というのも関係があるかもしれないが，それ以上に大事なのは，何を1番主張したいのか，何が自分の見解か，ということである。書き方，あるいは構成として，中心の主張が伝えられないといけない。

自分の中心的な見解を際立たせるには以下の3点が重要である。
（1）自説と他説が区別できていること
（2）主張と事実・知識が区別できていること
（3）文全体の中で1つ1つの文の役割が明確であること

　この文は，主張として書いたのか，それとも根拠なのか，具体例なのか。これを意識して書くことが大切である。そのためにも，文章に無駄があってはならない。役割のない文章は，無駄であり，残りの文章とつながっておらず，全体の論理性を損ねることになる。実際，論理的であるということは，さまざまなことを意味している。議論がたしかな根拠によって支えられている，演繹的な構成になっているというだけではない。首尾一貫している，つながっている，矛盾していない，といったことも論述を作る際の，最低限の要求事項である。矛盾した文章は，結局何も主張していないのだ。

　さらに，論文も紙に書いた「議論・討論」であり，当然，論文にも論点が存在する。したがって，これまで学習してきたポイントがすべて論文作成にも当てはまる。論題の論点を正確に把握し，整理することが重要である。実は，これだけで論文の半分はできているも同然である。

　さらに，討論の相手を想定しながら議論を進めていくことが大切である。そのため，予想される反論をあえて参照することが必要になる。これに対して再反論を与えることによって，自説が説得力を増す。このように，対立論点は自説を際立たせるのにかえって有効である。この場合，論理的であるというのは隙がないということだ。

　これについては，5.3をもう一度参照してもらいたい。「1人で書く」小論文も実はこの対話がベースにあるといえる。つまり，文章は読み手を想定して書くこともものだ。そうでないと，独りよがりになる。

　以上の点を確認するために，例題をやってみよう。

例題35　以下の記事を参考にしながら，「成人年齢を18歳に引き下げること」について賛成か反対か600字以内で論ぜよ。

　　　　＜毎日世論調査＞「18歳成人」6割が反対：精神的に未熟だ
　　　　　毎日新聞が1，2の両日に実施した電話による全国世論調査で，成人

年齢を18歳に引き下げることの是非について尋ねたところ,「反対」との回答が60％を占め,「賛成」の36％を大きく上回った。男女別では女性の66％が「反対」,男性は52％にとどまり,女性に「反対」の回答が目立った。鳩山邦夫法相は先月13日,民法を改正し「成人」年齢を引き下げるかどうかについて法制審議会に諮問したが,国民の間では慎重論が根強いことをうかがわせた。

反対の理由は「精神的に未熟だから」が69％と圧倒的に多く,「18歳から飲酒・喫煙が認められるのが心配だから」(16％),「親の許可なく消費契約を結べるのが心配だから」(14％)を大きくここでは,離した。また年代別にみると,男性の30～50代は「反対」と「賛成」がほぼ拮抗(きっこう)していたが,女性はどの年代も「反対」が6割を上回った。18歳前後の子どもを持つ主な世代に当たる40代女性は「反対」が7割を超え,各年代でトップの73％だった。

一方,賛成の理由をみると,「若い人に自覚を促し,責任を持たせることができるから」が62％で最も多く,「十分に責任をとれる年齢だから」(29％),「18歳成人が,欧米各国の主流だから」(9％)を上回った。

【有田浩子】　　　　　　　　　　　　　　(「毎日新聞」2008年3月3日)

この問題の解き方について解説しておきたい。もちろん,論述問題は答えが1つに決まるということはまずない。どのような見解や立場をとるにせよ,それを論理的に議論する能力が試されている。

論述をする前に,まずは論点を整理することが大切である。そこで,この文章をもとにして,賛成の根拠,反対の根拠をそれぞれ列挙してみる。

・賛成の根拠(提案のメリット):
　青年に成人としての自覚を早い段階で促すことができ,モラルの向上につながる。
・派生的メリット:犯罪抑止効果
・実務上のメリット:
　18歳は就労年齢であり,十分に責任をとれる年齢である。20歳を成人年齢とする現行の法は,実情に合わない。欧米などのグローバルスタンダードにあわせることができる。

賛成の根拠は，提案のメリットの1種類しかないのに対して，反対の根拠は3種類ある。つまり，賛成の論拠と反対の論拠は対照的になっていない。賛成の場合は，提案のメリットを主張するだけだが，反対の場合は3つの論点からの批判が可能になる。ただし，賛成の立場からでも，反対意見からの反論に答える際には，その3つの論点を考慮しなければならない。

・反対の根拠（提案のデメリット）：
18歳は，精神的に未熟であり，大人の自覚のない青年に成人の権利を認めることで，社会に不利益がもたらされる。「18歳から飲酒・喫煙が認められるのが心配だから」，「親の許可なく消費契約を結べるのが心配だから」などはこの部類に属する。親の許可なく消費契約を結べることで，悪徳商法などの犯罪に巻き込まれる可能性が高まるということだ。

・派生的デメリット：犯罪の助長
成人であることの要件である分別を持たないまま，成人にのみ認められている行為が許されることになる。結果として，今以上に，犯罪が多発することになる。

・反対の根拠（提案の有効性）：
18歳に引き下げたところで，本当に責任の自覚が生まれるのか。それどころか，20歳になっても責任の自覚がない若者が多い。年齢と人間の成熟度は関係がない。

・反対の根拠（提案の実現可能性）：
今の18歳の若者は未熟で，成人の資格を有していないということは，提案の前提条件を否定していると考えられる。さらに，今まで成人でなかった者を成人として公式に認めるため，書類を作成しなおすなど，役所などでの事務手続きが混乱するおそれがある。主に，これは実務上の難点に関わる。

賛否表明が求められる問題では，議題をめぐる対立論点を正確にとらえることが大切である。ここでの主要な対立論点は以下の通りである。成人年齢の引き下げによって，

責任の自覚が生じる vs. 生じない

これは提案の有効性をめぐる議論である。あるいは，成人年齢の引き下げから生じるメリット・デメリットを比較するという議論の進め方もある。

責任の自覚の覚醒 vs. 問題行動の誘発

いわば，メリット・デメリットを天秤にかけることで，議論を進めていくのも有力だ。賛成であれば，責任の自覚というメリットを強調する。反対であれば，問題行動というデメリットを強調するといった具合である。そして賛成の側からは，問題行動といったデメリットにどう対処すべきかを論じ，反対の側からは，逆に，責任の自覚というメリットを生み出す代替案を提示するという形になる。

この他の派生的な論点を考慮に入れながら，主論点を掘り下げてみよう。民法年齢の引き下げに合わせて，刑法年齢も引き下げられる可能性も十分ある。成人年齢の引き下げによって，刑事事件を起こした場合，成人犯罪者として扱われ，例えば，18歳でも実名報道が可能になる。これは，どのような意味を持っているか。ここも三段論法を使って，議論を補強してみるのがよい。1つの方向性は，メリットにつなげる書き方である。例えば，成人年齢の引き下げは，一定の年齢の青年にとっては厳罰化を意味する。厳罰化の効果としてよく引き合いに出されるのが，犯罪への抑止力が生じるといったことだ。もちろん，このこと自体デメリットにもなり得る。同じ厳罰化が，青年から更生の機会を奪い，社会から孤立させることになるといったこともよく指摘されている。

以上，精神的効果，公益性や防犯という論点，手続的・実務的な論点などさまざまな視点から論じることができる。本来は複数の論点を設定して多角的に論じる方が好ましいが，字数の関係上，1つの論点で論じることにした。

・悪い答案例：

私は成人年齢を18歳に引き下げる法案に賛成である。まず，18歳以上のほとんどの未成年が飲酒や喫煙をしている実情を考えると，成人年齢を引き下げた方がこの現状にあっている。次に，18歳で就労して，社会的責任を果たしている青年の飲酒が認められていないのに，20歳になっても親のすねをかじっている大学生が飲酒できるというのでは，あまりにも不公平だ。

たしかに，成人年齢を18歳に引き下げることで，成人の自覚のないまま「成人」とされてしまう若者が増えることになる。それによって，未熟な「成人」が権利を濫用し，その結果違法行為が多発するおそれがある。

それでも，18歳を成人年齢とするのが欧米などのグローバルスタンダードになっているので，日本もこれにならうべきである。成人年齢を引き下げなければ，日

本は国際社会から孤立してしまうであろう。

・問題点：この答案は形式上，整っているようにみえる。しかし，中身を検討すると論理的になっていない。まず，反対意見を参照してはいるのだが，のちの議論が反対意見に答えていない。互いの論点が対応していないのである。犯罪を誘発するおそれがある，と自ら指摘しているのに，グローバルスタンダードになっているからそうすべきだ，では話にならない。根拠にしても，違法行為を黙認するようなもので，説得力に欠ける。論理的に弱い。この答案例の修正案として，以下の答案例を参照していただきたい。

・答案例①：賛成の立場からの論述

　私は成人年齢を18歳に引き下げる法案に賛成である。この法案により，早い段階で選挙権など成人の権利も認められるが，その権利は同時に社会への責任を果たすために行使されるものである。実際，18歳は就労年齢である。中には，社会人として活躍している者も多い。また，大学生の中にも，ボランティアなど社会的活動に従事している者たちがいる。彼らに成人としての権限を認めることによって，彼らの社会貢献がより円滑になり，社会に対して今よりも多くの利益がもたらされ，社会の活性化にもつながる。

　たしかに，成人年齢を引き下げることで，多くの未熟な若者が「成人」と認められてしまう危険性は否定できない。彼らが，成人として与えられた権力を濫用し，社会に不利益をもたらす懸念もある。例えば，成人として，もし飲酒が認められることになると，青年の飲酒運転が急増するおそれがある。

　そのためにも，成人年齢の18歳への引き下げと同時に，モラル教育や社会教育などを義務教育の段階で若者たちに徹底すべきである。特に，成人に与えられる権利がどのような意味を持っているか，若者たちに教えていくべきだ。あるいは，若者たちにボランティアなどを通して，社会との関わりを深く意識させるべきだ。これらが成人の自覚への下地となる。

・ポイント：この段落構成を説明する。第1段落では，提案から生じるあるいは期待できるメリットを論じている。すなわち賛成の根拠を提示している。第2段落では，提案から予想できるデメリットを参照している。第3段落では，前の段落で指摘された問題点に対処する具体策

を論じている。

・答案例②：反対の立場からの論述

　私は，成人年齢を18歳に引き下げる法案に反対である。昨今20歳になっても成人としての自覚がない青年が多い。彼らが，成人にのみ認められる権利を濫用することで，今まで以上に多くの違法・犯罪行為を誘発し，社会に大きな不利益をもたらすことが懸念される。

　これとは逆に，刑法年齢を民法年齢に合わせることになると，未成年という枠が外れることで，18歳以上の青年犯罪者を成人犯罪者として扱うことができる。例えば，実名報道も可能になるなど厳罰化の意味もあり，犯罪抑止力の効果が生じるという意見もしばしば聞かれる。しかも，より多くの若者に成人としての自覚を持たせることにもなるから，違法行為を慎むようになり，間接的にも抑止力の効果が得られるというのだ。

　しかし，この厳罰化に通じる措置は，更生するべき青年に社会全体が犯罪者の烙印を押すことであり，青年を社会から孤立させるおそれがある。また，そもそも成人年齢を引き下げれば，未熟な若者が大人としての責任を自覚するというのは，本末転倒な考え方である。本来大人になるためには，一定の準備期間が必要だ。18歳から20歳に至るまでの2年間をその準備期間としてとらえ，彼らの成長を社会全体で見守っていくべきだ。その期間に，段階的に彼らに権利を与えながら，権利の行使とそこから生じる責任について自覚を養ってもらうことも有効なやり方である。

・ポイント：この議論の構成を解説する。第1段落では，提案から生じるあるいは予想されるデメリットを論じている。すなわち反対の根拠を提示している。第2段落では，提案から予想できるメリットを参照している。第3段落では，前の段落で指摘されたメリットが出てこないことを論じている。さらに，そのメリットを保証するような代替案を提示している。

問題15　警視庁が2002年2月27日に東京都内平均の40倍の犯罪発生率にもなる新宿区歌舞伎町1，2丁目の600メートル四方に50台の防犯（監視）カメラを設置した。このことはその後さまざまな議論を呼び，賛成ないし容

認する意見が多いものの問題視する意見も少なくない。こうしたことは新聞などマスコミで大きく報道され，よく知られているところである。

　そこで，上記のいずれの意見についても，それら意見が挙げている主たる論拠を示すとともに，あなたが支持する立場とは異なる意見に批判を加えながら，自分の支持する意見の正当性を論理的かつ説得的に800字以内で述べて下さい。なお，法的知識を問うものではありませんから，法律論を展開しても評価されません。

（大東文化大学法科大学院2004年度入学試験A日程論文試験）

・ヒント：設問に指定してある条件も，論理的な論述を構成するために大いに手がかりとなる。賛否表明の問題では，賛成の立場を採れば正解になるとか，逆に反対の立場を採れば正解になるとか，そういったことはない。小論文では，答えは1つには決まらない。自身が採った立場を論理的に正当化できればよい。たとえ，世論の大勢が監視強化に賛成であるとしても，監視強化反対の議論を展開してもよい。まずは，監視強化にまつわる論点から整理していきたい。

（1）監視強化の実現可能性：監視カメラ設置のコストなど
（2）監視強化の有効性：犯罪摘発効果，監視の犯罪抑止効果など
（3）監視強化の弊害：プライバシー侵害，監視映像流出の危険性など

　監視強化のメリットは（2）にのみ関わり，デメリットは（1），（3）に関わる。以上の点を踏まえて，賛成であれば，監視強化のメリットを強調し，デメリットに対処する方法を論じる。反対であれば，監視強化のデメリットを強調し，メリットを保証する代替案を論じる。例えば，地域住民によるパトロールの強化などである。もちろん，（1）の点でデメリットに言及してもよいし，監視強化にメリットがない，という論じ方もよい。他にも論じ方があるが，これが標準的で分かりやすい論じ方であろう。5.3.2の問題を参考にしながら論を進める手もある。

5.4.2 面接対策——面接での論理的な受け答えとは

　面接において大切なことは，自分の意見を明確に述べることである。当たり前のことのように聞こえるが，これが案外難しいのである。先に述べたように，文章として分かりやすいというだけでは，自分の意見を明確に述べたことにはならない。

　ここでも表面的な「話の上手さ」が問題になっているのではない。誤解している人が結構多いが，面接では，美辞麗句や印象的なレトリックを並べ立てて自身の企業への「熱い思い」を伝えることが重要なのではない。実際そうしたからといって，熱意が伝わるわけでもない。面接官はそんなところを全くみていない。

　自分の意見を明確に述べるとは，自分の意見を論理的に伝えるということである。面接官に対する自分の受け答えが首尾一貫していることが大切である。

　さらにこの点に関しても多くの誤解があるが，自分がいかにこの企業に入社したいかということを声高に訴えるのではない。単に企業が好きだからその企業に入りたい，といった熱意を訴えるだけではいけない。企業の特長を列挙して企業を「ヨイショ」しても始まらない。大切なのは，自分がいかにこの企業に適性があるかを，たしかな根拠で説得することだ。すなわち，自分の適性を論理的に面接官に伝えるべきだ。

　主張を論理的に説得するとは，適切な根拠を挙げて主張をサポートすることだと前にも述べたが，今の場合，主張と根拠は以下のようになる。

- **主張**：自分はこの会社でのこの業務に適性がある。
- **根拠(1)**：会社はこのような人材を欲している。
- **根拠(2)**：自分は〜の資格を取得している。自分には〜という長所がある。

　ここでも議論をするという姿勢が求められる。この議論のための主な材料としては，(1)については企業の入念な調査，(2)については徹底した自己分析が挙げられる。具体的なエピソードや学生時代の経験などがその材料となる。(1)と(2)は当然対応していることが大切である。論理的というのはまさにそういうことである。すでに，5.2でみたように，根拠と主張（結論）が論理的につながっている，すなわち両者間に関連性がある必要がある。

　さらに面接では，相手との論理的なやり取りが大切である。そのためにも，

特に面接官の質問の意図を正確に把握できなければいけない。

　まずは悪い事例を使って，上記のポイントを確認していきたい。以下，食品会社の甲社の就職面接での面接官とA君の対話である。A君は営業職を希望している。

例題36

　面接官：自己PR（分析）してみてください。
　A君：僕は大変真面目な努力家です。小学校から大学まで，授業は，ほぼ無遅刻，無欠席でした。また，<u>物事を突き詰めて考えることができます</u>。
　　　　しかし，その反面内向的です。みず知らずの人と友達になるのに，大変時間が掛かりますが，いったん友達になってしまえば，なんでも語り合える間柄にまで発展していきます。
・問題点：自分の短所を述べている。正直でよい，と思われるかもしれないが，これでは自己PRにならない。自己PRは，志望企業への適性を主張するためにあるのだから，長所だけを述べるべきだ。しかも，その短所自体，営業という職務にとっては致命的である。
　　　　また，長所についても，それらを抽象的に並べているだけで面白みがなく，全くアピールしていない。「物事を突き詰めて考えることができます」といわれても，いわれた方は，イメージができないのだ。そのためにも，その長所がどの場面で発揮されたのか，具体的なエピソードによってフォローすべきだ。これが長所を裏づける根拠になる。また，そこにその人の個性や独自性が出てくるのだ。面接官はそこから，志望業務に対する適性を判断するわけである。

　面接官：学生時代，何をしてきましたか。
　A君：学生の本分は学業であると考え，学業を最優先事項にいたしました。授業には毎回出席し，最前列で授業を聴いていました。そのおかげで，優を9割もいただくことができました。
　　　　それから，鉄道研究会に所属していました。列車の情報はいち早く入手し，会員からは一目おかれる存在でした。合コンでは，鉄道オタクである

ことが分かると，相手がひいてしまい，今一つ人気はありませんでした。それでも，自分は鉄道オタクであることに誇りを持っております。

・問題点：A君は質問の意図をきちんと理解せず，学生時代の話をとうとうと述べてしまっている。差しさわりのない質問のようにみえて，実はA君の適性を測っているのだ。だから，ここで自分の志望職種につながるエピソードを述べるべきで，しかも志望職種への適性を示すエピソードが望ましい。営業職を希望しているのであれば，鉄道研究会の中での人間関係に言及すべきであろう。もちろん，鉄道オタクだから営業に向いていない，ということはない。サークルの人間関係を円滑にしてきたとか，営業への適性を示すエピソードを中心に述べればよいのである。もちろん，学業成績が優秀であるというのは，本人の長所であるかもしれないが，営業の適性としてはさほどアピールにならないであろう。むしろ，交友関係の広さや根回しの上手さ，要領のよさといった性質の方がよっぽど営業への適性を示している。

面接官：弊社を志望した理由を述べてください。
A君：食品会社での仕事を通して，いろいろな人と知り合うことができ，自分が成長できると考えたからです。また，御社は福利厚生の面でも優れている，と聞いています。そのため，御社では，安心して仕事に励むことができます。自分のプライベートな時間も大切にできるのも魅力です。

・問題点：論理とは直接関係ないが，志望動機においては，社会貢献にも言及すべきである。個人の希望ばかり述べるのではなく，公共性や社会性をアピールすることも必要だ。面接では，自分が企業にとっていかに役に立つ人間かを，面接官に納得させることが基本である。その点で，A君の受け答えは相手をみていないようなものだ。

たしかに，志望者本人にとっては，自分の成長が志望動機の中心であるといえるかもしれないが，企業の側からすれば，自社にとってプラスとなる人材が求められるのだ。自分が成長することによって，企業や社会にどのような貢献ができるか。そこまで述べるべきだ。

さらに，企業や官公庁での仕事は，基本的にチームワークが要求さ

れる。公共性がないと，組織への適性を疑われる。フリーの「一匹狼」で仕事をするならば話は別であるが，組織に所属したいのであれば，協調性をアピールしておく必要がある。

　また基本的には，社会貢献を軸として，志望企業がその点で同業他社よりも優れていること，そして自分がその企業を通して社会貢献に与することをアピールするのが本筋である。そのあとで，自己実現や福利厚生の話をすべきだ。

面接官：弊社ではどのような職に就きたいとお考えですか。
A君：営業です。僕は突き詰めて考える姿勢を営業に活かす所存です。また，営業という職によって，自分の内向的な性格を克服していきたいです。
・問題点：自己分析と志望業務がマッチしていない。自己PRの場では，営業への適性をアピールすべきであったのに，それをしていなかった。むしろマイナス材料ばかり提示してしまっている（そもそも内向的な人間が営業職を志望すること自体間違っている。この時点でA君の自己分析が求職に全く役立っていないことが分かる）。
　また，自分の欠点を直すために，職を選択するというのも自分本位な発想である。このような人物が入社しても，周りの足を引っ張るだけであるのは明白であろう。営業職を志望するのであれば，すでに外向的な性格でなければいけないのだ。

　以上まとめると，A君の発言は1つ1つみれば，差しさわりのない受け答えのようにみえて，実は全体として首尾一貫性に欠けている。A君は自分の発言内部の論理を意識していなかったのだ。さらに，A君は質問の背後にある意図を読み取れていなかった。その点でも，相手の質問に対して論理的に答えていなかったといえよう。対話になっていないのだ。したがって，A君は，志望職種を変更するか，自分の性格を変えるか，どちらかにすべきだ。
　修正案を通して，上記のポイントがどう活かされているか確認してもらいたい。

例題37

面接官：自己PR（分析）してみてください。

A君：僕は大変真面目な努力家です。小学校から大学まで，授業は，ほぼ無遅刻，無欠席でした。また，物事を突き詰めて考えることができます。例えば，授業で不明な点があれば納得がいくまで先生に質問したり，図書館で調べたりしました。さらに，トラブルが生じた場合，その原因を徹底的に解明しようとしてきました。例えば，サークル内で揉め事が生じたとき，当事者双方および周囲の人々から事情を聞き，問題点を探り出しました。それを踏まえて，解決策を模索しました。

・コメント：自身の長所に具体的なエピソードで裏づけを与えている。

面接官：学生時代，何をしてきましたか。

A君：学生の本分は学業であると考え，学業を最優先事項にしました。授業には毎回出席し，最前列で授業を聴いていました。そのおかげで，優を9割もいただくことができました。授業のポイントがよく分かるように，ノートのとり方に工夫をしました。重要度に応じて，字の大きさや色をかえるなど視覚的にも配慮しました。私はこのように几帳面でもあります。

　また，鉄道サークルでは，幹事を担当していました。以前の幹事は予算の管理がずさんで，サークルの運営が立ち行かなくなりました。鉄道サークルの運営を立て直すために，エクセルに出納記録を逐次入力し，金銭の出入りを厳密にチェックすることで，経理を徹底的に管理するよう努めました。

　経理に対する興味から，さらなる知識や技術を獲得したいと思い，実際に，簿記の資格を取得しました。サークル費を滞納する部員に対しては，サークルの経営状況などを根気強く説得して支払ってもらうことができました。さらに，サークルの予算をうまく配分して無駄な支出を減らし，効率よく運営費を使うことができました。

　そのおかげで，サークルの運営が円滑に進みました。サークルの宣伝や新入生歓迎コンパなどに余剰の予算を回すことができ，結果として，多くの新入部員を獲得することができました。金銭を管理することの大切さを

実感した貴重な体験でした。
・コメント：今度は金銭管理の経験，几帳面さをアピールしていてよい。経理への適性を示している。これなら，学業成績の話も決して無駄にはならない。自身の工夫やアイデアも述べられている。志望職種につながる取得資格については，是非言及すべきである。

面接官：弊社を志望した理由を述べてください。
A君：昨今食品の安全性を揺るがす事件が多発しています。賞味期限の改ざんなど，利益重視のあまり，安全に対する意識が薄れているのが大きな原因であると考えられます。
　　貴社は，「健康は食にあり」をモットーに，社会貢献の面で同業他社を大きく引き離しておられます。食材を契約農家をはじめ生産者がたしかなところから仕入れるなど，安全性を確保してこられました。たとえ，それで経費がかさむとしても，お客さまに安全な食材を提供することには大きな社会的な意味があります。貴社の姿勢に賛同するお客さまも多いでしょう。私も貴社のモットーに共感いたします。貴社での業務を通して，この社会貢献に参加していくつもりです。なるべく低価格でお客さまに商品を提供できるよう，どのように無駄な経費を削減していくか，経理の立場から努力していきたいと存じます。
・コメント：社会貢献を前面に出していて，社会性や問題意識の高さをアピールできている。

面接官：弊社では，どのような職に就きたいとお考えですか。
A君：経理を担当させていただきたいです。すでに申し上げました通り，私は会計の経験があり，資格も有しています。経理を厳密に運営することで，利益重視の姿勢をとらなくても，食の安全性を保証することができます。また，金銭管理の徹底が，最終的に会社の経営体質を維持し，ひいてはモラル向上につながると考えております。モラル向上も食の安全性を保証するには重要です。このように経理の業務を通して，お客さまの安全な食生活に貢献していきたいです。

・コメント：企業の社会貢献に乗っかる形で，自身の社会貢献を述べている。

以上，適性と企業貢献さらには社会貢献が1つにつながった。こうすれば，首尾一貫した論理的な面接の応答になる。また，A君の返答は，面接官の質問の意図を正確に理解している点でも論理的である。

最後にもう1点つけ加えておく。大学あるいは大学院での専攻の内容が，志望職に大いに関係してくる場合，その内容を詳しく説明すべきである。志望職への適性を示す根拠になるからである。

以上，面接対策を解説してきたが，ここでのポイントは，エントリーシートを記入する際にもそのまま当てはまるので，是非参考にしてほしい。

付　録　練習問題の解答

1　第2章の解答

問題1

(1) $(P \wedge Q) \vee (\neg P \vee \neg Q)$

P	Q	$\neg P$	$\neg Q$	$P \wedge Q$	$\neg P \vee \neg Q$	$(P \wedge Q) \vee (\neg P \vee \neg Q)$
t	t	f	f	t	f	t
t	f	f	t	f	t	t
f	t	t	f	f	t	t
f	f	t	t	f	t	t

　上の真理表から，$\models (P \wedge Q) \vee (\neg P \vee \neg Q)$

(2) $(\neg P \wedge \neg Q) \vee (P \vee Q)$

P	Q	$\neg P$	$\neg Q$	$\neg P \wedge \neg Q$	$P \vee Q$	$(\neg P \wedge \neg Q) \vee (P \vee Q)$
t	t	f	f	f	t	t
t	f	f	t	f	t	t
f	t	t	f	f	t	t
f	f	t	t	t	f	t

　上の真理表から，$\models (\neg P \wedge \neg Q) \vee (P \vee Q)$

(3) $(P \rightarrow Q) \vee (P \wedge \neg Q)$

P	Q	$\neg Q$	$P \rightarrow Q$	$P \wedge \neg Q$	$(P \rightarrow Q) \vee (P \wedge \neg Q)$
t	t	f	t	f	t
t	f	t	f	t	t
f	t	f	t	f	t
f	f	t	t	f	t

上の真理表から，$\models (P\to Q)\vee(P\wedge\neg Q)$

(4) $(P\to Q)\vee(Q\to P)$

P	Q	$P\to Q$	$Q\to P$	$(P\to Q)\vee(Q\to P)$
t	t	t	t	t
t	f	f	t	t
f	t	t	f	t
f	f	t	t	t

上の真理表から，$\models (P\to Q)\vee(Q\to P)$

問題 2

(1) $P\to Q,\ \neg Q \Longrightarrow \neg P$

P	Q	$P\to Q$	$\neg P$	$\neg Q$	$(P\to Q)\wedge\neg Q$	$((P\to Q)\wedge\neg Q)\to \neg P$
t	t	t	f	f	f	t
t	f	f	f	t	f	t
f	t	t	t	f	f	t
f	f	t	t	t	t	t

上の真理表から，$\models ((P\to Q)\wedge\neg Q)\to \neg P$

故に，$P\to Q,\ \neg Q \models \neg P$

(2) $P\to Q,\ \neg P \Longrightarrow \neg Q$

P	Q	$P\to Q$	$\neg P$	$\neg Q$	$(P\to Q)\wedge\neg P$	$((P\to Q)\wedge\neg P)\to \neg Q$
t	t	t	f	f	f	t
t	f	f	f	t	f	t
f	t	t	t	f	t	f
f	f	t	t	t	t	t

上の真理表から，$\not\models ((P\to Q)\wedge\neg P)\to \neg Q$

故に，$P\to Q,\ \neg P \not\models \neg Q$

（3）$P \to Q \Longrightarrow \neg Q \to \neg P$

P	Q	$P \to Q$	$\neg P$	$\neg Q$	$\neg Q \to \neg P$	$(P \to Q) \to (\neg Q \to \neg P)$
t	t	t	f	f	t	t
t	f	f	f	t	f	t
f	t	t	t	f	t	t
f	f	t	t	t	t	t

上の真理表から，$\models (P \to Q) \to (\neg Q \to \neg P)$

故に，$P \to Q \models \neg Q \to \neg P$

（4）$P \to Q \Longrightarrow \neg P \to \neg Q$

P	Q	$P \to Q$	$\neg P$	$\neg Q$	$\neg P \to \neg Q$	$(P \to Q) \to (\neg P \to \neg Q)$
t	t	t	f	f	t	t
t	f	f	f	t	t	t
f	t	t	t	f	f	f
f	f	t	t	t	t	t

上の真理表から，$\not\models (P \to Q) \to (\neg P \to \neg Q)$

故に，$P \to Q \not\models \neg P \to \neg Q$

（5）$P \to Q,\ \neg P \to R \Longrightarrow Q \vee R$

P	Q	R	$\neg P$	$P \to Q$	$\neg P \to R$	$Q \vee R$
t	t	t	f	t	t	t
t	t	f	f	t	t	t
t	f	t	f	f	t	t
t	f	f	f	f	t	f
f	t	t	t	t	t	t
f	t	f	t	t	f	t
f	f	t	t	t	t	t
f	f	f	t	t	f	f

$(P\to Q)\wedge(\neg P\to R)$	$(P\to Q)\wedge(\neg P\to R)\to Q\vee R$
t	t
t	t
f	t
f	t
t	t
f	t
t	t
f	t

上の真理表から, $\models((P\to Q)\wedge(\neg P\to R))\to(Q\vee R)$

故に, $P\to Q,\ \neg P\to R\models Q\vee R$

(6) $P\to Q,\ Q\to R\Longrightarrow \neg R\to \neg P$

P	Q	R	$\neg P$	$\neg R$	$P\to Q$	$Q\to R$	$\neg R\to \neg P$
t	t	t	f	f	t	t	t
t	t	f	f	t	t	f	f
t	f	t	f	f	f	t	t
t	f	f	f	t	f	t	f
f	t	t	t	f	t	t	t
f	t	f	t	t	t	f	t
f	f	t	t	f	t	t	t
f	f	f	t	t	t	t	t

$(P\to Q)\wedge(Q\to R)$	$(P\to Q)\wedge(Q\to R)\to(\neg R\to \neg P)$
t	t
f	t
f	t
f	t
t	t
f	t
t	t
t	t

上の真理表から，$\models((P\to Q)\land(Q\to R))\to(\neg R\to\neg P)$
故に，$P\to Q,\ Q\to R\models\neg R\to\neg P$

問題 3

（1）$(P\land Q)\land R\Longrightarrow P\land(Q\land R)$

$$\cfrac{\cfrac{\cfrac{(P\land Q)\land R}{P\land Q}\land\text{E}}{P}\land\text{E} \quad \cfrac{\cfrac{\cfrac{(P\land Q)\land R}{P\land Q}\land\text{E}}{Q}\land\text{E} \quad \cfrac{(P\land Q)\land R}{R}\land\text{E}}{Q\land R}\land\text{I}}{P\land(Q\land R)}\land\text{I}$$

（2）$P\to Q,\ P\to R\Longrightarrow P\to Q\land R$

$$\cfrac{\cfrac{\cfrac{[P]^1\quad P\to Q}{Q}\to\text{E} \quad \cfrac{[P]^1\quad P\to R}{R}\to\text{E}}{Q\land R}\land\text{I}}{P\to Q\land R}\to\text{I, 1}$$

（3）$P\to(Q\to R)\Longrightarrow Q\to(P\to R)$

$$\cfrac{\cfrac{\cfrac{[Q]^1\quad \cfrac{[P]^2\quad P\to(Q\to R)}{Q\to R}\to\text{E}}{R}\to\text{E}}{P\to R}\to\text{I, 2}}{Q\to(P\to R)}\to\text{I, 1}$$

（4）$P\to Q\Longrightarrow\neg Q\to\neg P$

$$\cfrac{\cfrac{\cfrac{\cfrac{[P]^2\quad P\to Q}{Q}\to\text{E}\quad [\neg Q]^1}{\bot}\neg\text{E}}{\neg P}\neg\text{I, 2}}{\neg Q\to\neg P}\to\text{I, 1}$$

（5）$\neg Q\to\neg P\Longrightarrow P\to Q$ （*）

$$\cfrac{\cfrac{\cfrac{[P]^1\quad \cfrac{[\neg Q]^2\quad \neg Q\to\neg P}{\neg P}\to\text{E}}{\bot}\neg\text{E}}{Q}\text{RA, 2}}{P\to Q}\to\text{I, 1}$$

（6）$(P\to R)\lor(Q\to R)\Longrightarrow P\land Q\to R$

$$(P \to R) \lor (Q \to R) \quad \cfrac{\cfrac{\cfrac{[P \land Q]^1}{P} \land E \quad [P \to R]^2}{R} \to E \quad \cfrac{\cfrac{[P \land Q]^1}{Q} \land E \quad [Q \to R]^2}{R} \to E}{\cfrac{R}{P \land Q \to R} \to I, 1} \lor E, 2 \to E$$

(7) $(P \to R) \land (Q \to R) \Longrightarrow P \lor Q \to R$

$$\cfrac{[P \lor Q]^1 \quad \cfrac{[P]^2 \quad \cfrac{(P \to R) \land (Q \to R)}{P \to R} \land E}{R} \to E \quad [Q]^2 \quad \cfrac{(P \to R) \land (Q \to R)}{Q \to R} \land E}{\cfrac{R}{P \lor Q \to R} \to I, 1} \lor E, 2$$

(8) $\neg(P \lor Q) \Longrightarrow \neg P \land \neg Q$

$$\cfrac{\cfrac{\cfrac{[P]^1}{P \lor Q} \lor I \quad \neg(P \lor Q)}{\cfrac{\bot}{\neg P} \neg I, 1} \neg E \quad \cfrac{\cfrac{[Q]^2}{P \lor Q} \lor I \quad \neg(P \lor Q)}{\cfrac{\bot}{\neg Q} \neg I, 2} \neg E}{\neg P \land \neg Q} \land I$$

(9) $\neg P \land \neg Q \Longrightarrow \neg(P \lor Q)$

$$\cfrac{[P \lor Q]^1 \quad \cfrac{[P]^2 \quad \cfrac{\neg P \land \neg Q}{\neg P} \land E}{\bot} \neg E \quad \cfrac{[Q]^2 \quad \cfrac{\neg P \land \neg Q}{\neg Q} \land E}{\bot} \neg E}{\cfrac{\bot}{\neg(P \lor Q)} \neg I, 1} \lor E, 2$$

(10) $\neg P \lor \neg Q \Longrightarrow \neg(P \land Q)$

$$\cfrac{\neg P \lor \neg Q \quad \cfrac{\cfrac{[P \land Q]^1}{P} \land E \quad [\neg P]^2}{\bot} \neg E \quad \cfrac{\cfrac{[P \land Q]^1}{Q} \land E \quad [\neg Q]^2}{\bot} \neg E}{\cfrac{\bot}{\neg(P \land Q)} \neg I, 1} \lor E, 2$$

(11) $\neg(P \land Q) \Longrightarrow \neg P \lor \neg Q$ (*)

$$\cfrac{\cfrac{\cfrac{\cfrac{\cfrac{[P]^3 \quad [Q]^2}{P \land Q} \land I \quad \neg(P \land Q)}{\cfrac{\bot}{\neg P} \neg I, 3} \neg E}{\neg P \lor \neg Q} \lor I \quad [\neg(\neg P \lor \neg Q)]^1}{\cfrac{\bot}{\neg Q} \neg I, 2} \neg E}{\cfrac{\neg P \lor \neg Q}{\cfrac{\bot}{\neg P \lor \neg Q} RA, 1} \lor I \quad [\neg(\neg P \lor \neg Q)]^1} \neg E$$

付　録　練習問題の解答 | 167

問題 4

（1）$(P \to \neg P) \to \neg P$

$$\cfrac{\cfrac{[P]^2 \quad \cfrac{[P]^2 \quad [P \to \neg P]^1}{\neg P} \to E}{\cfrac{\bot}{\neg P} \neg I, 2}}{(P \to \neg P) \to \neg P} \to I, 1$$

（2）$\neg (P \wedge \neg P)$

$$\cfrac{\cfrac{\cfrac{[P \wedge \neg P]^1}{P} \wedge E \quad \cfrac{[P \wedge \neg P]^1}{\neg P} \wedge E}{\bot} \neg E}{\neg (P \wedge \neg P)} \neg I, 1$$

（3）$P \vee \neg P (*)$

$$\cfrac{\cfrac{\cfrac{\cfrac{[P]^2}{P \vee \neg P} \vee I \quad [\neg (P \vee \neg P)]^1}{\bot} \neg E}{\cfrac{\neg P}{P \vee \neg P} \vee I \quad [\neg (P \vee \neg P)]^1} \neg I, 2}{\cfrac{\bot}{P \vee \neg P} RA, 1} \neg E$$

（4）$(\neg P \to P) \to P (*)$

$$\cfrac{\cfrac{\cfrac{[\neg P]^2 [\neg P \to P]^1}{P} \to E \quad [\neg P]^2}{\cfrac{\bot}{P} RA, 2} \neg E}{(\neg P \to P) \to P} \to I, 1$$

（5）$(P \to Q) \vee (Q \to P) (*)$

$$\cfrac{\cfrac{\cfrac{\cfrac{\cfrac{[Q]^1}{P \to Q} \to I}{(P \to Q) \vee (Q \to P)} \vee I \quad [\neg ((P \to Q) \vee (Q \to P))]^2}{\cfrac{\bot}{P} \bot E} \neg E}{\cfrac{\cfrac{Q \to P}{(P \to Q) \vee (Q \to P)} \vee I \quad [\neg ((P \to Q) \vee (Q \to P))]^2}{\bot} \neg E}}{(P \to Q) \vee (Q \to P)} RA, 2$$

2　第 3 章の解答

問題 1

（1）$\forall x (P(x) \to R(x)),\ \forall x (Q(x) \to R(x)) \Longrightarrow \exists x (P(x) \wedge Q(x))$

$D = \{0, 1, 2\}$

$\Phi(P) = \{0\}$

$\Phi(Q) = \{1\}$

$\Phi(R) = \{0, 1\}$ とすると，

$\langle D, \Phi \rangle \models \forall x (P(x) \to R(x))$

$\langle D, \Phi \rangle \models \forall x (Q(x) \to R(x))$

$\langle D, \Phi \rangle \not\models \exists x (P(x) \wedge Q(x))$

故に $\forall x(P(x) \rightarrow R(x))$, $\forall x(Q(x) \rightarrow R(x)) \not\models \exists x(P(x) \land Q(x))$
ポイント：$\Phi(P) \subseteq \Phi(R)$ と $\Phi(Q) \subseteq \Phi(R)$ と $\Phi(P) \cap \Phi(Q) = \emptyset$ が成り立つように $\langle D, \Phi \rangle$ を作ればいい。

（2） $\forall x(P(x) \rightarrow R(x))$, $\forall x(Q(x) \rightarrow R(x)) \Longrightarrow \exists x(\neg P(x) \land \neg Q(x))$
$D = \{0, 1, 2\}$
$\Phi(P) = \{0, 1\}$
$\Phi(Q) = \{1, 2\}$
$\Phi(R) = \{0, 1, 2\}$ とすると,
$\langle D, \Phi \rangle \models \forall x(P(x) \rightarrow R(x))$
$\langle D, \Phi \rangle \models \forall x(Q(x) \rightarrow R(x))$
$\langle D, \Phi \rangle \not\models \exists x(\neg P(x) \land \neg Q(x))$
故に $\forall x(P(x) \rightarrow R(x))$, $\forall x(Q(x) \rightarrow R(x)) \not\models \exists x(\neg P(x) \land \neg Q(x))$
ポイント：$\Phi(P) \subseteq \Phi(R)$ と $\Phi(Q) \subseteq \Phi(R)$ と $\overline{\Phi(P)} \cap \overline{\Phi(Q)} = \emptyset$（すなわち $\Phi(P) \cup \Phi(Q) = D$）が成り立つように $\langle D, \Phi \rangle$ を作ればいい。

（3） $\forall x(P(x) \rightarrow Q(x))$, $\exists x(\neg P(x) \land R(x)) \Longrightarrow \exists x(\neg Q(x) \land R(x))$
$D = \{0, 1, 2\}$
$\Phi(P) = \{0\}$
$\Phi(Q) = \{0, 1\}$
$\Phi(R) = \{1\}$ とすると,
$\langle D, \Phi \rangle \models \forall x(P(x) \rightarrow Q(x))$
$\langle D, \Phi \rangle \models \exists x(\neg P(x) \land R(x))$
$\langle D, \Phi \rangle \not\models \exists x(\neg Q(x) \land R(x))$
故に $\forall x(P(x) \rightarrow Q(x))$, $\exists x(\neg P(x) \land R(x)) \not\models \exists x(\neg Q(x) \land R(x))$
ポイント：$\Phi(P) \subseteq \Phi(Q)$ と $\overline{\Phi(P)} \cap \Phi(R) \neq \emptyset$ と $\overline{\Phi(Q)} \cap \Phi(R) = \emptyset$ が成り立つように $\langle D, \Phi \rangle$ を作ればいい。

（4） $\forall x(P(x) \lor Q(x)) \Longrightarrow (\forall x P(x)) \lor (\forall x Q(x))$
$D = \{0, 1, 2\}$
$\Phi(P) = \{0, 1\}$
$\Phi(Q) = \{1, 2\}$
とすると,
$\langle D, \Phi \rangle \models \forall x(P(x) \lor Q(x))$
$\langle D, \Phi \rangle \not\models (\forall x P(x)) \lor (\forall x P(x))$
故に $\forall x(P(x) \lor Q(x)) \not\models (\forall x P(x)) \lor (\forall x P(x))$

ポイント：$\Phi(P) \neq D$ と $\Phi(Q) \neq D$ と $\Phi(P) \cup \Phi(Q) = D$ が成り立つように $\langle D, \Phi \rangle$ を作ればいい。

問題 2

（1）$\forall x \neg P(x) \Longrightarrow \neg \exists x P(x)$ の演繹図

$$\cfrac{[\exists x P(x)]^2 \quad \cfrac{[P(x)]^1 \quad \cfrac{\forall x \neg P(x)}{\neg P(x)} \forall E}{\bot} \neg E}{\cfrac{\bot}{\neg \exists x P(x)} \neg I, 2} \exists E, 1$$

（2）$\exists x \neg P(x) \Longrightarrow \neg \forall x P(x)$ の演繹図

$$\cfrac{\exists x \neg P(x) \quad \cfrac{\cfrac{[\forall x P(x)]^2}{Px} \forall E \quad [\neg P(x)]^1}{\bot} \neg E}{\cfrac{\bot}{\neg \forall x P(x)} \neg I, 2} \exists E, 1$$

（3）$\neg \exists x P(x) \Longrightarrow \forall x \neg P(x)$ の演繹図

$$\cfrac{\cfrac{\cfrac{[P(x)]^1}{\exists x P(x)} \exists I \quad \neg \exists x P(x)}{\bot} \neg E}{\cfrac{\neg P(x)}{\forall x \neg P(x)} \forall I} \neg I, 1$$

（4）$\neg \forall x P(x) \Longrightarrow \exists x \neg P(x)$ の演繹図

$$\cfrac{\cfrac{\cfrac{\cfrac{[\neg P(x)]^1}{\exists x \neg P(x)} \exists I \quad [\neg \exists x \neg P(x)]^2}{\bot} \neg E}{\cfrac{P(x)}{\forall x P(x)} \forall I} RA, 1 \quad \neg \forall x P(x)}{\cfrac{\bot}{\exists x \neg P(x)} RA, 2} \neg E$$

（5）$\exists x P(x) \lor \exists x Q(x) \Longrightarrow \exists x (P(x) \lor Q(x))$ の演繹図

$$\cfrac{\exists x P(x) \lor \exists x Q(x) \quad \cfrac{[\exists x P(x)]^1 \quad \cfrac{\cfrac{[P(x)]^2}{P(x) \lor Q(x)} \lor I}{\exists x (P(x) \lor Q(x))} \exists I}{\exists x (P(x) \lor Q(x))} \exists E, 2 \quad \cfrac{[\exists x Q(x)]^1 \quad \cfrac{\cfrac{[Q(x)]^3}{P(x) \lor Q(x)} \lor I}{\exists x (P(x) \lor Q(x))} \exists I}{\exists x (P(x) \lor Q(x))} \exists E, 3}{\exists x (P(x) \lor Q(x))} \lor E, 1$$

（6） $\exists x(P(x) \vee Q(x)) \Longrightarrow \exists x P(x) \vee \exists x Q(x)$ の演繹図

$$\cfrac{\exists x(P(x) \vee Q(x)) \quad \cfrac{[P(x) \vee Q(x)]^2 \quad \cfrac{\cfrac{[P(x)]^1}{\exists x P(x)} \exists I}{\exists x P(x) \vee \exists x Q(x)} \vee I \quad \cfrac{\cfrac{[Q(x)]^1}{\exists x Q(x)} \exists I}{\exists x P(x) \vee \exists x Q(x)} \vee I}{\exists x P(x) \vee \exists x Q(x)} \vee E, 1}{\exists x P(x) \vee \exists x Q(x)} \exists E, 2$$

（7） $\exists x(P(x) \wedge \neg Q(x)) \Longrightarrow \neg \forall x(P(x) \to Q(x))$ の演繹図

$$\cfrac{\exists x(P(x) \wedge \neg Q(x)) \quad \cfrac{\cfrac{\cfrac{\cfrac{[P(x) \wedge \neg Q(x)]^1}{P(x)} \wedge E \quad \cfrac{[\forall x(P(x) \to Q(x))]^2}{P(x) \to Q(x)} \forall E}{Q(x)} \to E \quad \cfrac{[P(x) \wedge \neg Q(x)]^1}{\neg Q(x)} \wedge E}{\bot} \neg E}{\bot} \exists E, 1}{\neg \forall x(P(x) \to Q(x))} \neg I, 2$$

（8） $\forall x(P(x) \to Q(x)) \Longrightarrow \neg \exists x(P(x) \wedge \neg Q(x))$ の演繹図

$$\cfrac{[\exists x(P(x) \wedge \neg Q(x))]^2 \quad \cfrac{\cfrac{\cfrac{[P(x) \wedge \neg Q(x)]^1}{P(x)} \wedge E \quad \cfrac{\forall x(P(x) \to Q(x))}{P(x) \to Q(x)} \forall E}{Q(x)} \to E \quad \cfrac{[P(x) \wedge \neg Q(x)]^1}{\neg Q(x)} \wedge E}{\bot} \neg E}{\bot} \exists E, 1}{\neg \exists x(P(x) \wedge \neg Q(x))} \neg I, 2$$

（9） $\neg \exists x(P(x) \wedge \neg Q(x)) \Longrightarrow \forall x(P(x) \to Q(x))$ の演繹図

$$\cfrac{\cfrac{\cfrac{\cfrac{\cfrac{\cfrac{[P(x)]^2 \quad [\neg Q(x)]^1}{P(x) \wedge \neg Q(x)} \wedge I}{\exists x(P(x) \wedge \neg Q(x))} \exists I \quad \neg \exists x(P(x) \wedge \neg Q(x))}{\bot} \neg E}{Q(x)} RA, 1}{P(x) \to Q(x)} \to I, 2}{\forall x(P(x) \to Q(x))} \forall I$$

（10） $\neg \forall x(P(x) \to Q(x)) \Longrightarrow \exists x(P(x) \wedge \neg Q(x))$ の演繹図

$$\cfrac{\cfrac{\cfrac{\cfrac{\cfrac{\cfrac{\cfrac{[P(x)]^2 \quad [\neg Q(x)]^1}{P(x) \wedge \neg Q(x)} \wedge I}{\exists x(P(x) \wedge \neg Q(x))} \exists I \quad [\neg \exists x(P(x) \wedge \neg Q(x))]^3}{\bot} \neg E}{Q(x)} RA, 1}{P(x) \to Q(x)} \to I, 2}{\forall x(P(x) \to Q(x))} \forall I \quad \neg \forall x(P(x) \to Q(x))}{\bot} \neg E}{\exists x(P(x) \wedge \neg Q(x))} RA, 3$$

(11) $\forall x \neg P(x) \vee \exists x P(x)$ の証明図

$$
\cfrac{\cfrac{\cfrac{[P(x)]^1}{\exists x P(x)}\exists I}{\forall x \neg P(x) \vee \exists x P(x)}\vee I \quad [\neg(\forall x \neg P(x) \vee \exists x P(x))]^2}{\cfrac{\cfrac{\cfrac{\bot}{\neg P(x)}\neg I, 1}{\forall x \neg P(x)}\vee I}{\cfrac{\forall x \neg P(x) \vee \exists x P(x)}{\cfrac{\bot}{\forall x \neg P(x) \vee \exists x P(x)}RA, 2}\vee I \quad [\neg(\forall x \neg P(x) \vee \exists x P(x))]^2}\neg E}\neg E
$$

(12) $\forall x(P(x) \to \neg \forall y \neg R(x, y)) \Longrightarrow \forall x(P(x) \to \exists y R(x, y))$ の演繹図

$$
\cfrac{\cfrac{\cfrac{\cfrac{[R(x,y)]^3}{\exists y R(x,y)}\exists I \quad [\neg \exists y R(x,y)]^2}{\cfrac{\bot}{\neg R(x,y)}\neg I, 3}\neg E}{\cfrac{\forall y \neg R(x,y)}{}\forall I} \quad \cfrac{[P(x)]^1 \quad \cfrac{\forall x(P(x) \to \neg \forall y \neg R(x,y))}{P(x) \to \neg \forall y \neg R(x,y)}\forall E}{\neg \forall y \neg R(x,y)}\to E}{\cfrac{\cfrac{\bot}{\exists y R(x,y)}RA, 2}{\cfrac{P(x) \to \exists y R(x,y)}{\forall x(P(x) \to \exists y R(x,y))}\forall I}\to I, 1}\neg E
$$

(13) $\forall x(P(x) \to \exists y R(x, y)) \Longrightarrow \forall x(P(x) \to \neg \forall y \neg R(x, y))$ の演繹図

$$
\cfrac{\cfrac{[P(x)]^3 \quad \cfrac{\forall x(P(x) \to \exists y R(x,y))}{P(x) \to \exists y R(x,y)}\forall E}{\exists y R(x,y)}\to E \quad \cfrac{[R(x,y)]^1 \quad \cfrac{[\forall y \neg R(x,y)]^2}{\neg R(x,y)}\forall E}{\bot}\neg E}{\cfrac{\cfrac{\bot}{\neg \forall y \neg R(x,y)}\neg I, 2}{\cfrac{P(x) \to \neg \forall y \neg R(x,y)}{\forall x(P(x) \to \neg \forall y \neg R(x,y))}\forall I}\to I, 3}\exists E, 1
$$

(14) $\forall x \exists y R(x, y), \forall x \forall y(R(x, y) \to R(y, x)) \Longrightarrow \forall x \exists y R(y, x)$

$$
\cfrac{\cfrac{\forall x \exists y R(x,y)}{\exists y R(x,y)}\forall E \quad \cfrac{[R(x,y)]^1 \quad \cfrac{\cfrac{\forall x \forall y(R(x,y) \to R(y,x))}{\forall y(R(x,y) \to R(y,x))}\forall E}{R(x,y) \to R(y,x)}\forall E}{\cfrac{R(y,x)}{\exists y R(y,x)}\exists I}\to E}{\cfrac{\exists y R(y,x)}{\forall x \exists y R(y,x)}\forall I}\exists E, 1
$$

(15) $\exists x \forall y R(x, y)$, $\forall x \forall y (R(x, y) \to R(y, x)) \Longrightarrow \exists x \forall y R(y, x)$

$$\cfrac{\exists x \forall y R(x, y) \qquad \cfrac{\cfrac{\cfrac{[\forall y R(x, y)]^1}{R(x, y)} \forall E \qquad \cfrac{\cfrac{\forall x \forall y (R(x, y) \to R(y, x))}{\forall y (R(x, y) \to R(y, x))} \forall E}{R(x, y) \to R(y, x)} \forall E}{R(y, x)} \to E}{\cfrac{\cfrac{\forall y R(y, x)}{\exists x \forall y R(y, x)} \exists I}{}}}{\exists x \forall y R(y, x)} \exists E, 1$$

3 第4章の解答

問題1

（1）逆：二等辺三角形は正三角形である
　　裏：正三角形でないと二等辺三角形でない
　　対偶：二等辺三角形でないと正三角形でない
（2）逆：日本国内でさまざまな差別待遇にあえば，日本人でない
　　裏：日本人であれば，日本国内でさまざまな差別待遇にあわない
　　対偶：日本国内でさまざまな差別待遇にあわなければ，日本人である
（3）逆：納豆を食べないなら，外国人だ
　　裏：外国人でないなら，納豆を食べる
　　対偶：納豆を食べるなら，外国人でない

問題2

（1）もとの命題とその裏の命題を同一視している。
（2）もとの命題とその逆の命題を同一視している。
（3）もとの命題とその裏の命題を同一視している。

問題3

（1）$(P \to Q) \land (Q \to R) \to (P \to R)$　正しい。
（2）$(P \to Q) \land \neg P \to \neg Q$　正しくない。実際，もとの命題とその裏の命題を同一視する誤りを犯している。
（3）$(P \to Q \lor R) \land \neg Q \to (\neg R \to \neg P) \land (R \to P)$　正しい。
（4）$(P \land Q \to R) \land (S \to P) \land Q \to (S \to R)$　正しい。
（5）$\forall x (A(x) \to H(x)) \land \forall x (H(x) \to \neg N(x)) \to \forall x (N(x) \to \neg A(x))$
　　正しい。

（6） $\forall x(B(x) \to F(x)) \land \exists x(B(x) \land \neg T(x)) \to \exists x(F(x) \land \neg T(x))$　正しい。

問題 4

インフォーマルに証明してみる。もちろん，ベースにあるのは自然演繹の推論規則である。
（A）Aが犯人であると仮定すると，②よりBかCが犯人であることになる。ここで，さらなる場合分けをする。
　　（A1）Bが犯人とすると，Bが犯人。
　　（A2）Cが犯人とすると，③よりBが犯人。
　　いずれの場合も，Bが犯人である。
（B）Bが犯人であると仮定すると，当然Bが犯人である。
（C）Cが犯人であると仮定すると，③よりBが犯人。
（D）Dが犯人であると仮定すると，④よりAが犯人である。（A）の場合分けを繰り返せば，Bが犯人となる。
　（A）（B）（C）（D）いずれの場合も，Bが犯人であることが示せた。ここで，場合分けが完了し，①より，確実に犯人と分かるのはB。

問題 5

　互いに否定しあう組に分類してみる。A‐B，DとC‐Eがその組である。そこで，C‐Eが本当のことをいっているか，嘘をついているかで場合分けしてみよう。
（1）Cが本当のことをいっている場合，B，DはCと同じ組に分類されない。本当のことをいっているのが3人になってしまうからだ。また，CとAも同じ組に分類されない。宝くじを当てたのが2人になってしまうからだ。いずれにせよ，（1）のケースはあり得ないことになる。
（2）Eが本当のことをいっている場合，「Eが本当のことをいっている。」だけが成り立つ。このとき，AとEが同じ組に分類されることになる。よって，Aの発言内容より，Cが宝くじを当てたことになる。正解C。

問題 6

　A君を a，x が y を好きであるを $L(x, y)$ とおくと，問題文は次のように記号化できる。
$$\forall x(\neg L(x, x) \to L(a, x)) \land \forall x(L(x, x) \to \neg L(a, x))$$

$L(a, a)$ と仮定する。$\forall x(L(x, x) \to \neg L(a, x))$ より，$\forall$ の除去規則を使って，$L(a, a) \to \neg L(a, a)$ が得られる。これと $L(a, a)$ より $\to E$ を使って，$\neg L(a, a)$ が導かれる。$L(a, a)$ の仮定から矛盾が得られた。よって，$\neg L(a, a)$ が成り立つ。今度は，式 $\forall x(\neg L(x, x) \to L(a, x))$ から，先ほどと同様の推論により，$L(a, a)$ が示される。よって，もとの式から矛盾が証明された。

問題 7

$$\cfrac{\cfrac{D \to \neg A \quad \cfrac{\cfrac{\cfrac{A \to B \land C \quad [A]^1}{B \land C}}{B} \quad B \to D}{D}}{\neg A} \quad [A]^1}{\cfrac{\bot}{\neg A}1}$$

問題 8

条件 ii, iv, v より，次のような場合分け（1），（2）を考える。

（1）BとCはうどんを食べたとすると，

条件 iii より，A と D が同じものを食べた，あるいは，A と E が同じものを食べた，ということがいえる。

条件 v より，いずれにせよ A はパスタを食べたことになる。

（2）BとCはパスタを食べたとすると，

やはり同じように，A と D が同じものを食べた，あるいは，A と E が同じものを食べた，ということがいえる。

条件 v より，いずれにせよ，A はうどんを食べたことになる。しかし，これは条件 i に矛盾する。したがって，（2）のケースはあり得ないことになる。ここで帰謬法を使用した。

よって，（1）のケースのみ成り立ち，そこから A がパスタを食べたことが確実にいえる。正解 2。

問題 9

問題文で述べられた 4 つの条件を論理式で整理してみると，次のようになる（もちろん，条件の 1 つ 1 つに論理式が対応するわけではない）。

1. $AB \land BE \land EI \to I$ この式の意味は，AB 間の路線と BE 間の路線と EI 間の路線を利用すれば I 駅に到達できる，というものである。残りの式についても同

様に解釈できる。
2．AC∧CE∧EI→I
3．AC∧CF∧FH∧HI→I
4．AD∧DG∧GH∧HI→I

つまり，A駅からI駅に行くには，これらの論理式で表現された4通りの方法があるということである。そこで，この問題は，4つの条件文の前件の連言すべてにあらわれるような論理式の組み合わせを選ぶ問題に帰着する。これは，それらの組み合わせにあらわれる論理式すべてが偽であるとすれば，どの前件も偽になり，どの条件文の条件も満たされないことになるからである。これは先のどの4つの方法も使えないということを意味する。選択肢をそれぞれ吟味していくと，そのような論理式（路線）の組み合わせは2しかない。よって，2が正解である。

問題10

（1）CからHまでの6人の発言の論理的関係に注目するとよい。Aが正直者であるをAとあらわすと，嘘つきであるは¬Aとあらわせる。他のものについても同じようにする。まず，AとDの発言に注目してみる。Aの発言は¬B→¬C，Dの発言は¬Cとあらわせる。ここから，Dの発言は，Aの発言より強い，つまり，Dの発言はAの発言を論理的に含意することが分かる。同じ結論を条件つきで主張するのと，無条件でするのとでは，当然後者の方が強いわけである。したがって，もしAの発言が誤っている，すなわち，Aが嘘つきであるなら，Dの発言も誤っている，つまりDも嘘つきになるわけである。Eの発言はこのことを述べているので，Eは正直者ということになる。次にFはEが嘘つきであると述べているので，Fは嘘つきになる。さらに，CとGの発言を比べてみる。CとGの発言を合わせると，Fが正直者であるという結論が論理的に導かれるが，これは，先ほど得られた，Fは嘘つきであるという事実と矛盾する。したがって，CとGのどちらかが嘘つきということになるが，このことをあらわしているのが，Hの発言であるから，Hは正直者であることが分かる。よって，Cは正直者で，Gは嘘つきであることがわかる。選択肢の1が，Cは正直者である，とあるので正解。他は確実にいえないどころか全部誤りである。

（2）（1）ですでにA，B以外の発言の真偽が確定しているので，それを利用する。1であるが，Aの（発言の）真偽はまだ確定していない。Aが正直者だとすると，Cが正直者であるというのは確定しているので，対偶で，Bも正直者

でなければならない。しかし，Aが嘘つきであるとすれば，Bも嘘つきであるということになるが，どちらの可能性も整合的なので，このBの発言からは，Bが正直者であるということはいえない。2についても同様で，Aの発言が真なら，Bの発言が真になり，逆にAの発言が偽なら，Bの発言は偽になるので，真偽は確定しない。残りの選択肢であるが，3～5のうち，上での結果から，真になるのは，5だけである。正解5。

問題11

（1）犯行の証拠が残れば，犯人は犯行を思いとどまる。
（2）市場が縮小すれば，経済が衰退する。
（3）日本人はみな和食が好きである。

問題12

　この文章は演繹的推論の形をとっているが，これではまだ不完全なので，文章中に明示されていないような隠れている前提を補ってやらなければならない。
　この推論を記号化すると以下のようになる。まず，前提の部分であるが，
企業（企業が業績を回復する）→ 合理化（企業が合理化をすすめる）→ 人員削減
企業 → 景気回復　失業者増加 → 消費力低下 → ¬景気回復
　そして結論の部分は，
¬政府（政府が十分な雇用対策を採らない）→ ¬企業
となる。上の前提だけからだと下の結論は論理的に導き出されない。そこで，人員削減と失業者増加をつなげるような前提が別に必要になってくる。1は人員削減と失業者増加をつなげてないので，不正解。実は，2と3はどちらも結論を導くことができる。ところが，2と3では，2の方が弱い前提である。つまり，3は，2というそれより弱い前提で推論が可能になるわけだから，必要不可欠ということにはならない。したがって，3は不正解ということになる。それでは実際に，
¬政府 ∧ 人員削減 → 失業者増加
という前提を加えて推論を行ってみる。結論が¬政府 → ¬企業と条件文の形をとっているので，まず，¬政府を仮定する。目標は¬企業を上記の前提を使って導き出すことである。結論が¬の形をしているので，まず企業を仮定して，そこから矛盾を導き出す。企業という仮定から，合理化，人員削減という暫定的な結論が次々と得られる。そこで，補足された前提と¬政府と人員削減から条件文の除去により，失業者増加という結論を得る。ここからさらに進んで¬景気回復という結論が出る。

一方，企業という同じ仮定から，景気回復という結論が得られる。結局同じ企業という仮定から，矛盾した結論が生じたので，企業という仮定は誤っていたことになる。よって，¬政府から¬企業が得られる。4，5はいずれも推論そのものに関係せずこれらは不正解である。正解2。

問題13

演繹的推論だけを取り出すと，以下のようになる。
取材力 → 収入
収入 → 広告∨購読
広告 → スポンサー
¬スポンサー
¬購読
¬取材力

問題14
（1）演繹。
（2）帰納。

4　第5章の解答

問題1
（1）①と②の2つの根拠が独立に結論(3)を支持している。
（2）①と②の2つの根拠が独立に結論(3)を支持している。
（3）①と②の2つの根拠が一緒になってはじめて結論を支持する。イスラム教徒の女性は人前で肌を露出することが禁じられているのだ。

問題2
（1）B。因果関係に言及し，より本質的な根拠を挙げている。
（2）A。因果関係に言及し，こちらもより本質的な根拠を挙げている。しかも，Bの方は1つの事例しか挙げていない。

問題3
解答例：人間にとって，どう生きるかだけでなく，どのように死を迎えるかも重

要である。やはり，尊厳のある状態で死を迎えるのが好ましい。末期癌患者が大きな肉体的，精神的苦痛を抱えたまま最期を迎えるのは，本人の尊厳を著しく損なう。また，本人が意識を失ったままの状態であるのも，尊厳を持って生きているとはいいがたい。

問題 4
（1）演繹的な議論。
（2）cogent な議論。彼は健康上の理由で，肉が食べられないのかもしれない。
（3）cogent な議論。婚外子に対する冷遇とか他にも少子化の原因がある可能性がある。

問題 5
（1）事実型。
（2）事実型。
（3）評価型。
（4）提案型。
（5）評価型。

問題 6
　Aは，児童虐待がすでに起こっている場合の対応策を論じているのに対し，Bは，児童虐待の予防策を論じている。論じている問題が異なるので，議論がかみ合わないのだ。

問題 7
　1は特にこれといった能力をアピールしていない。単なる体験談である。2は調整能力をアピールしている。3と4は聞き上手，コンサルティングへの適性をアピールしている。5が正解である。

問題 8
　これも共通原因を指摘する問題である。暴力シーンが満載のテレビゲームをすることが青少年の暴力行動を誘発したというより，もともと暴力的な性向があるために，暴力的なテレビゲームを好んだり，暴力行動を起こしたりするという見方もできる。テレビゲームをするのをやめれば，暴力行動を起こさなくなるということは

ない。青少年の内奥にある暴力的な性向そのものを矯正しなければ，問題は解決しない。

問題9

因果性に言及していない選択肢から除外していくことにする。1であるが，たしかにもっともらしい反論ではあるが，当のダイエットの方法とその効果そのものの関係を否定しているわけではない。3は，当のダイエットの効果すら否定していない。5は，ダイエット食品の副作用に言及し，そのダイエット法を批判してはいるが，そのダイエット法の効果そのものは批判していないので，不正解。2は，たしかに，そのダイエットの効果があったかどうかB子についてはいえないとしているので，因果関係を批判しているといえるかもしれないが，あくまでもB子個人にとどまり，一般的な因果関係を批判しているとはいえない。これも不正解。最後に4であるが，D社のダイエット法を実行してやせたというのが，D社の食品を食べたからではなく，実は，食事量を制限し，一定の運動をするという通常のダイエット方法によるものであったのではないかとするもので，D社のダイエット法の効果そのものを批判している。したがって，これが因果関係に言及した最も適切な批判であるといえる。これが正解である。正解4。

問題10

（1）は実現可能性の観点からの批判。（2）は目的への有効性の観点からの批判。（3）はデメリットの論点からの批判。

問題11

（1）4.1.2の十分条件と必要条件の取り違えの誤謬である。目上の者への敬意を養うには，宗教教育が不可欠だ，ということはない。宗教によらない道徳教育も存在する。
（2）どちらの条件文を批判してもよい。例えば，最初の条件文であるが，運動とダイエットを両立させることは十分可能であり，運動したからといって，ご飯を食べすぎるということにはならない。

問題12

反論は主張の論点を適切にとらえていない。主張は，大学における勉学の意義を論じているのに，反論は，就職対策を論点とし，就職にとって勉学など役に立たな

い，と論じている。主張は，勉学が就職のために役立つなどと最初から論じていない。論点を共有しておらず，議論がかみ合っていない。

問題13
（１）多義性の虚偽。不合理性と理不尽さを混同している。（２）論点先取。（３）論点のすり替え。

問題14
　この広告から読み取れる推論は以下の通りである。95 kgの女性が２週間で15 kgやせた。その結果80 kgになった。今度は80 kgの女性が１ヶ月で10 kgやせた。その結果70 kgになった。さらに70 kgの女性が２週間で7 kgやせて，結果63 kgになった。これらの事実から，95 kgの女性が当の製品を２ヶ月近く飲むと63 kgになる，と結論できる。この推論は一見もっともらしい。しかし，この広告を注意深く読んでみると，同一の女性が当の製品を服用したとはどこにも書いていないことが分かる。同じ女性が２ヶ月間同じ製品を服用したのでない以上，上のような結論を導き出すことはできない。別々の女性が２週間から１ヶ月で上の効果を得たとしかいっていない以上，ダイエットの効果が，その期間で途絶えてしまう可能性も十分考えられるのである。したがって，正解は２。１と３はもっともらしい反論ではあるが，これは推論の誤りを示したものでなく，広告文に言及された効果が，直接ごっちゃんダイエットで得られたものか，あるいは当製品だけで得られたものかどうかを疑っているにすぎない。結局１，３，５のいずれも，データそのものの公平性の問題点を指摘したものにすぎず，論理的誤りそのものを示したとはいえない。４は，データそのものへの批判にもなっていない。

問題15
・答案例：賛成
　私は監視強化の動きに賛成である。犯罪が多様化，凶悪化し，治安が悪化している現在の状況を考えると，監視カメラの設置台数を増やすなどの対策をとらざるを得ない。監視カメラの設置が犯罪摘発への大きな鍵となる。事実，監視カメラの映像が犯罪の証拠になり，犯罪捜査に貢献している。犯罪の摘発が進めば，それが犯罪の抑止力にもなる。監視カメラがあるというだけで犯罪を思いとどまるというケースもある。さらに，プライバシーを尊重する傾向が日本人に広がったことで，地域コミュニティが弱体化した。内部へ不審者が侵入したとしても，気づきにくいの

だ。時代の傾向として，弱体化は避けられず，その隙を監視カメラで補うしかない。

　たしかに，監視強化の動きは，かえってプライバシーの侵害を招くおそれもある。生活圏の至る場所に監視カメラがあるというのでは，かえって安心して生活できなくなる。さらに，監視カメラの映像が，何らかの手違いで第三者の手に入り，犯罪目的に使用される危険性も否定できない。

　これらの問題に対処するには，監視カメラの設置のガイドラインを厳密に規定する必要がある。その場所に監視カメラを設置する必要が本当にあるかどうか，いろいろな観点から吟味していくべきだ。例えば，集合住宅に監視カメラを設置する場合は，住民の同意が必要である。また，原則として，人の肉眼ではとらえにくい場所など，人間の死角を補うような場所に設置するのが好ましい。監視カメラの過剰な設置だけは避けるべきだ。さらに，監視カメラの映像の徹底的な管理が求められる。故意に映像を流出させた者に対しては厳罰に処するなどの措置が必要だ。

・答案例：反対

　最近，市街地のさまざまな場所で防犯カメラをみかけるようになった。背景には，犯罪件数の増加，犯罪の凶悪化および多様化などがある。通り魔的な犯行も多くなってきた。犯罪が広がりをみせ，警察の巡視だけでは不十分になってきたということもある。監視カメラが犯罪の記録を残し，犯罪の摘発に貢献しているという事実もある。しかし，私は，監視強化の動きに反対である。監視カメラは町中の人間を無差別に撮影している。しかも，監視の必要のない行為まで撮影し，深刻なプライバシー侵害を引き起こしている。

　公共の場では，自分の行動が他の人々にみられていることに何の抵抗もないはずだから，公道での行動を監視するだけではプライバシーの侵害にならない，という意見もある。また，防犯カメラの管理を徹底すればなんら問題はない，とする反論も予想される。

　だが，カメラによって記録が残るものと，他人にみられただけで記録に残らないものでは意味が大きく異なる。不特定多数の人間に，自分の行動の記録をみられるおそれがあり，これは大きな精神的苦痛である。しかも，公道とはいえプライバシーを放棄しているわけではない。何も悪いことをしていなくても，第三者に自分の行動を見張られていては，自由に行動しにくくなる。防犯カメラの管理を徹底するといっても，防犯カメラの運用について厳密な法的規制がない以上，管理側のモラルに委ねられるだけでは心もとない。

　そもそも，犯罪件数が増加したのは，地域コミュニティが弱体化したことによる。以前は，地域の者同士が顔なじみで，よそ者が入ってきたらすぐに見分けがつくよ

うになっていた。しかし，今では，同じ番地に住んでいるもの同士でさえ面識がなく，不審者につけいる余地を与えてしまっている。必要なのは機械に頼ることではなく，地域住民のチームワークによって，犯罪の芽を摘むことである。

　この答案例については，5.3.2 の例題を思い出してほしい。

引用・参考文献

[1] 大出晁『自然な推論のための論理学』勁草書房 1991
（本書の NK とは少し違う自然演繹の証明のシステムを使った論理学の入門書。）

[2] オールウド＝アンデソン＝ダール／公平珠躬・野家啓一訳『日常言語の論理学』産業図書 1979
（自然言語と論理学の関係を取り扱っている。）

[3] 飯田隆『言語哲学大全Ⅰ　論理と言語』勁草書房 1987
（言語と論理に関する哲学の解説。）

[4] 前原昭二『記号論理入門[新装版]』日本評論社 2005
（日本語で書かれた NK の証明の解説。）

[5] 竹内外史・八杉満利子『証明論入門』共立出版 1988
（日本語で書かれた証明論の入門書。）

[6] K. ゲーデル／林晋・八杉満利子訳『不完全性定理』岩波書店 2006
（ゲーデルの元論文の翻訳と，それに関する詳しい解説。）

[7] Elliott Mendelson. *Introduction to Mathematical Logic* (*4th ed.*). Wadsworth & Brooks/Cole Advanced Books & Software, 1997.
（英語で書かれた分かりやすい数学的論理学の入門書。）

[8] M. E. Szabo (ed.). *Collected Papers of Gerhard Gentzen*. North-Holland Publishing Company, 1969.
（ゲンツェンの主要論文の独英対訳の論文集。）

[9] Dag Prawitz. *Natural Deduction: A Proof-Theoretical Study*. Dover, 1965.

[10] John Etchemendy. *The Concept of Logical Consequence*. Harvard University Press, 1990.
（妥当な推論という概念の哲学的考察。）

[11] Anne Thomson. *Critical Reasoning a practical introduction* (2nd edition). Routledge, 2002.
（インフォーマルリーズニングの分野では，代表的な教科書。例題や練習問題が多く，実践的でもある。LSAT からの過去問も多い。練習問題の答えも丁寧に解説している。）

[12] Alec Fisher. *The logic of real argument*. Cambridge University Press, 1988.
（インフォーマルリーズニングのテクニックが具体的な文章に適用されている。）

[13] Richard Feldman. *Reason & Argument*. Prentice Hall, 1988.
（インフォーマルリーズニングについて基礎から体系的に学べる。）
[14] 野矢茂樹『新版 論理トレーニング』産業図書 2006
（日本語で書かれたインフォーマルリーズニングの教科書。）

※ 第5章例題8，例題11，例題22，例題33に掲載している法科大学院統一適性試験問題は，適性試験委員会の許諾を得て掲載しています。

《著者紹介》

弓削 隆一（ゆげ・りゅういち）第1章, 第2章, 第3章
　1991年　慶應義塾大学大学院文学研究科哲学専攻後期博士課程単位取得退学
　現　在　慶應義塾大学・東京理科大学・学習院大学非常勤講師
　主　著　「ヒンティッカの認識論理の正当化の試み」『哲学』第41号, 日本哲学会, 1991年
　　　　　「ダメットの宿命論批判についての考察」『科学基礎論研究』第76号, 科学基礎論学会, 1991年
　　　　　「輪廻は不可能か?――人格の同一性の基準について」『科学基礎論研究』第84号, 科学基礎論学会, 1995年
　　　　　「人格の同一性についての一人称的な考察――私は弓削隆一以外の人でもあり得るか?」『科学基礎論研究』第92号, 科学基礎論学会, 1999年
　　　　　「人格の時間的同一性と責任」『哲学の探求』第27号, 全国若手研究者ゼミナール, 2000年
　　　　　「G. ハーマンの道徳的相対主義について」『慶應義塾大学日吉紀要 人文科学』第17号, 慶應義塾大学, 2002年

佐々木 昭則（ささき・あきのり）第4章, 第5章
　1995年　慶應義塾大学大学院文学研究科哲学専攻後期博士課程単位取得退学
　現　在　慶應義塾大学・明星大学非常勤講師
　主　著　「条件法の論理と適切さの論理――意味論的観点から」『科学基礎論研究』第81号, 科学基礎論学会, 1995年
　主訳書　シセラ・ボック「内部告発と職業的な責任」T. L. ビーチャム・N. E. ボウイ編（梅津光弘監訳）『企業倫理学2――リスクと職場における権利・義務』晃洋書房, 2001年

例解・論理学入門

2009年5月30日　初版第1刷発行　　〈検印省略〉
2024年3月10日　初版第11刷発行

定価はカバーに表示しています

著　者　弓　削　隆　一
　　　　佐々木　昭　則
発行者　杉　田　啓　三
印刷者　江　戸　孝　典
発行所　株式会社　ミネルヴァ書房
607-8494 京都市山科区日ノ岡堤谷町1
電話（075）581-5191（代表）
振替口座 01020-0-8076番

© 弓削・佐々木, 2009　　共同印刷工業・吉田三誠堂

ISBN978-4-623-05467-1
Printed in Japan

納富信留・檜垣立哉・柏端達也編著
よくわかる哲学・思想　　　　　　　　　　　本体2400円

村松茂美・小泉尚樹・長友敬一・嵯峨一郎編
はじめて学ぶ西洋思想　　　　　　　　　　　本体2800円

川口茂雄・越門勝彦・三宅岳史編著
現代フランス哲学入門　　　　　　　　　　　本体3500円

峰島旭雄編著
概説　西洋哲学史　　　　　　　　　　　　　本体3000円

落合仁司著
構造主義の数理　　　　　　　　　　　　　　本体2400円

小坂国継・岡部英男編著
倫理学概説　　　　　　　　　　　　　　　　本体3000円

棚次正和・山中　弘編著
宗教学入門　　　　　　　　　　　　　　　　本体2800円

―――― ミネルヴァ書房 ――――
https://www.minervashobo.co.jp/